이미 우리 곁에 온 미래 교육 이야기

미래,
교육을 묻다

이미 우리 곁에 온 미래 교육 이야기

미래,
교육을 묻다

초판 1쇄 발행 2018년 4월 3일
초판 2쇄 발행 2018년 9월 28일

지은이 정광필
펴낸이 김승희
펴낸곳 도서출판 살림터

기획 정광일
편집 조현주
북디자인 꼬리별

인쇄·제본 (주)현문
종이 월드페이퍼(주)

주소 서울시 양천구 목동동로 293, 22층 2215-1호
전화 02-3141-6553
팩스 02-3141-6555
출판등록 2008년 3월 18일 제313-1990-12호
이메일 gwang80@hanmail.net
블로그 http://blog.naver.com/dkffk1020

ISBN 979-11-5930-064-6 03370

이미 우리 곁에 온 미래 교육 이야기

미래,
교육을 묻다

정광필 지음

살림터

여는 글

교육의 근본을 다져야 미래가 있다

요즘 미래 교육에 대한 논의,
찌만 보고 있는 것은 아닌가?

20년을 벼르고 별러 나선 가거도. 선장이 발판 좋은 포인트에 내려 주었다. 15m 우측 여를 노리고 밑밥을 집중한다. 하지만 오전 내내 들물 시간에 나온 것이라곤 복어 몇 마리뿐. 햇살이 퍼지고 물돌이가 끝나면서 다시 집중해서 던진 찌가 홈통을 돌면서 멈칫거린다. 뒷줄을 잡아 주자 찌가 살짝 내려가다가 바로 사라진다. 대를 세우기가 어렵다. 드디어 오매불망하던 대망의 감성돔 6짜가 왔다! 어? 그런데 이놈이 왼쪽 홈통 쪽으로 달린다. 낚싯대를 당겨도 제압이 안 되더니 원줄이 물속 바위에 쓸려 그대로 끊어진다. 오후 내내 같은 곳을 노렸지만 큰 놈이 몰고 나간 고기는 소식이 없다.

다음 해 겨울, 채비를 보강하여 다시 가거도로 나섰다. 가는 날이 장날이라고 강력한 북서풍 때문에 바람을 피할 수 있는 남동쪽 무명 포인트 직벽에 내렸다. 세 시간째 조류 따라 이리저리 던져 보지만 계속 허탕이다. 찌만 노려보고 있는데 어찌 된 일인지 찌가 자꾸 뜬다. 옆자리의 고수가 바늘 위에 무거운 봉돌을 더 채우라고 한마디 거든다. '바닥에 걸릴 텐데?' 그래도 혹시나 해서 채비를 바꾸고 던지자 과연 찌가 조류를 따라 차분히 흐른다. 그러다 찌가 살짝 잠기나 싶더니 쏜살같이 사라진다. 10여 분을 낚싯대와 실랑이를 벌인 끝에 드디어 5짜를 잡아 나의 기록어가 되었다. 민박집에 돌아와 보니 딴 사람들은 모두 빈손이었다. 몸집이 크고 실해서 일행 15명이 넉넉히 먹었다.

이 일로 28년 낚시 인생에서 또 한 수 배웠다. 낚시꾼은 찌를 보고 고기를 잡는다. 그런데 문제는 물속이다. 직벽 밑 깊은 수심에서 파도는 더 거칠게 움직여 물속의 바늘과 봉돌을 띄워 버린다. 따라서 진정한 꾼은 찌를 통해서 물속에 있는 고기의 마음과 바늘의 상황을 읽는다. 그래야 바늘과 고기를 만나게 할 수 있다.

요즘 한창 뜨거운 미래 교육에 대한 논의가 문득 떠오른다. 찌만 보고 있는 것인가, 찌를 통해 물속에 있는 고기의 마음과 바늘의 상황을 읽는 것인가?

알파고의 충격 이후 우리 사회에는 미래 교육에 대한 온갖 주장이 분분하다.

"지금 아이들이 배우는 것의 80~90%는 20년 후엔 쓸모가 없으니, 핵심역량을 길러야 한다."

"디지털 시대에 코딩 교육을 실시해야 한다."

"웬만한 일은 인공지능이 대신할 수 있다. 그러니, 복잡한 상황 속에서 새로운 문제를 발견하고 설정할 수 있는 창의융합형 인재를 키워야 한다."

"일찍부터 진로교육을 실시해서 진로개척역량을 길러야 한다."

각각의 대안들은 일리가 있다. 그런데 이런 식의 논의에는 크게 두 가지 문제가 있다.

첫째, 우리가 지금까지와는 전혀 다른 교육을 해야 한다는 선입견을 은연중에 퍼트린다는 점이다. 세상의 변화 속도에 압도된 나머지 조급증이 앞선 것이다. 그러나 미래 교육의 필요를 인식하고 교육의 방향을 틀어 보려는 시도는 20년 전부터 있어 왔다. 미래 교육이라는 이름만 붙이지 않았을 뿐 교육현장에서는 대안교육 혹은 공교육 혁신이라는 이름으로 크고 작은 변화의 노력이 줄기차게 이어졌다. 그런데 사회의 급격한 변화가 실감되지 않고 여전히 '명문대 진학이 곧 성공의 보증수표'라는 근대 교육의 패러다임이 지배하다 보니, 미래 교육은 '널리 퍼지지 않았을' 따름이다.

둘째, 인간의 지적 능력과 인성 발달에 대한 총체적 이해 없이 새로운 대안을 이것저것 도입했을 때 기대한 만큼 효과를 보기 어렵다는 점이다. 약 7만 년 전 지구를 제패(?)한 사피엔스의 뇌는 그사이 진화한 게 없다. 인류의 문명이 놀랍게 진화했을 뿐 우리의 뇌는 수렵채취 시대 그대로인 것이다. 21세기에 우울증, ADHD 등 각종 심리질환이 급격히 증가한 것도 석기시대를 살았던 인간의 뇌가 디지털 시대에 적응하지 못해서 발생하는 현상이라 볼 수 있다. 따라서 인간을 감각, 욕망, 감성, 지성, 의지의 총체로 보지 않고 지엽적으로 어느 한 부분만을 자극하고 바꾸려는 노력은 실패로 귀결되기 십상이다.

미래 교육에 대한 제안들이 혹여 찌만 쳐다보고 물속 상황을 놓치고 있는 것은 아닐까? 가거도의 세찬 조류에서 감성돔을 잡기 위해 필요한 것은 비싼 새 장비가 아니라 바닷속 조류에도 떠오르지 않는 묵직한 봉돌이었다. 마찬가지로, 예측하기 힘든 미래를 살아갈 아이들에게 코딩 교육이나 창의융합역량을 키우는 수업도 필요하지만, 교육의 근본에 충실한 것이 더 시급하고 절실한 해법이다.

이미 우리 곁에 있다, 미래 교육

그렇다면 미래가 던지는 질문에 교육은 어떻게 응답해야 할까?

우선, 불확실한 미래를 살아갈 내면의 힘, 야성을 키워 줘야 한다. 지금의 10대는 일생 동안 한 직장을 안정적으로 다닐 수 없으며 직업도 평균 7번 이상 바꿔야 한다. 기업 자체가 정규직을 채용하지 않을

뿐만 아니라 기업의 수명 자체가 무척 짧아지고, 직업의 세계 자체가 급속히 변화하기 때문이다. 한마디로 근대적인 직업 개념이 '와르르' 무너진다고 할 수 있다. 그러니 근면 성실한 노동자 양성을 목표로 표준화된 지식을 주입하고, 위계질서에 순응하는 몸을 기르려 했던 근대적 학교의 교육체계는 이제 그 효용을 다해 가고 있다. 그런 만큼 인간이 감각, 욕망, 감정, 의지, 지성을 지닌 전인적 존재라는 점을 직시하고 아이들의 발달단계에 맞게 각 요소를 적절히 자극하는 것, 그리하여 아이들 내면의 힘을 단단하게 성장시키는 것이 중요하다. 이를 위해서는 아이들을 비교와 경쟁의 틀 속에 밀어 넣지 않고 아이들이 각자 자신을 긍정하고 사랑하도록 도우며, 아이들의 타고난 호기심과 에너지를 살려야 한다.

아이들의 타고난 호기심과 에너지를 어떻게 살릴 수 있을까? 무엇보다도 아이들에게서 놀이와 삶을 거세하지 말아야 한다. 아이들은 놀이를 통해 많은 것을 배운다. 미래 핵심역량이라고 불리는 창의성이나 협업능력도 놀이를 통해 길러진다. 놀이와 삶을 거세당한 10대가 혹여 20년 후 우울증에 시달리거나 게임이나 약물 중독자로 살아가는 것은 아닐까 우려스럽다. 21세기를 이끌어 가는 실리콘밸리의 엘리트들 가운데 놀이와 삶을 중시했던 대안학교 출신이 많다는 사실을 기억할 필요가 있다. 이제 아동의 전인적 성장이야말로 창의융합형 인재를 키우는 지름길임을 명심하고, 전인적 인간을 기르는 데 주력했던 교육 모델에 관심을 기울여야 한다.

그러니, 미래를 대비한다고 특별히 새로운 방법으로 찌를 던질 필요는 없다. 인간에 대한 이해를 토대로 세심한 관찰과 애정, 신뢰라는 찌를 아이들의 발달단계에 맞게 꾸준하게 던질 뿐. 그렇게 우리의 찌가 아이들 내면의 작은 싹과 만날 때, 아이들은 성장한다.

　또한 아이들을 '각성된 시민'으로 키우는 일에 주력해야 한다. 미래 사회는 유발 하라리가 『사피엔스』에서 경고했듯이 경제적 불평등을 넘어 생체 불평등 사회로 바뀔 가능성이 높다. 질병과 노화 극복, 영생을 꿈꾸며 신의 영역을 넘보는 기술 유토피아를 향해 생명공학이나 인공지능 기술이 브레이크 없이 발전하고 있기 때문이다. 그런데 그 기술의 발달이 갖는 함의를 이해하고, 이에 대해 사람들과 소통하려고 노력하는 이는 별로 없다. 그 결과는 실리콘밸리의 소수 엘리트와 권력자들에게 대다수 인류가 지배되는 디스토피아로 나타날 것이다.

　그렇다면 교육의 방향은 명확해진다. 오늘의 청소년들이 미래 사회에서 자기 운명의 주인으로 살아갈 수 있도록 도와야 한다는 것. 이를 위해서는 수업에서 어떤 내용을 배우는가도 중요하지만, 학교생활의 모든 부분에서 민주주의의 원리가 충실하게 구현되어야 한다. 즉, 교문 앞에 멈춰 섰던 민주주의가 학교 곳곳에 뿌리를 내려야 한다. 친구나 선후배와 갈등이 생기면 대화하고 타협하면서 문제를 해결해 나가는 경험을 해야 하고, 다양한 체험활동도 계획 단계부터 학생들이 참여할 수 있도록 기회를 주어야 한다. 급식 문제, 체육대회나 축제, 교육과정 편성 및 수업에 대해서까지도 자기 목소리를 내고 의사 결정 과정의 한 주체로서 참여하도록 해야 한다. 이렇듯 학생들이 학교 교육의 한 주체로 거듭날 때 인류 사회의 운명을 결정하는 데 참여하는 진정한 세계시민이 될 수 있다.

미래 교육에 대해 이런 생각을 품게 된 것은…

지난 20년의 경험과 무관하지 않다. 교육에 도전한 지 이제 20년이 되었다.

돌아보면 마흔 살이 되던 1996년에 고민이 참 많았다. 스무 살에 학생운동을 시작하여 20여 년간 사회운동과 조직운동을 계속해 온 입장에서 정치에 입문할 것인지를 결단해야 하는 기로에 놓이게 되었다. 세상을 바꾸려는 열망은 누구보다 강했지만 개인의 성향은 정치와는 거리가 멀었다. 정치활동을 할 자질과 의지가 부족하다는 것을 스스로 느끼고 있었다. 무엇보다도 선거운동에 뛰어들 엄두가 나지 않았다. 1년여를 고민하다가 내가 할 수 있는 일을 찾았다.

그동안 주로 조직가로서 능력을 발휘했는데, 조직을 한다는 게 사람들 마음을 움직이는 일이고, 결국 교육과 그 맥이 닿아 있음을 발견했다. 그때부터 본격적으로 교육을 통해 세상을 바꿀 궁리를 시작했다. 먼저 뜻을 같이하는 사람들을 모아 교육에 대해 공부하기 시작했다. 뒤늦게 입학한 교육대학원에서 인생의 새로운 장을 준비했다. 건성으로 때운 대학 시절을 생각하면 대단한 반전이라는 생각이 든다.

새로운 모델을 세우면 공교육에 영향을 줄 수 있을까?

7년의 준비 기간을 거쳐 뜻을 같이하는 100명의 설립자들과 함께 2003년, 성남시 분당에 '벗과 함께' 살아간다는 의미의 '이우학교以友學校'를 세웠다. 당시 교육의 주된 화두가 '성적', '입시', '경쟁'인 이 시대에 '배움이란 무엇인가', '아이의 성장이란 무엇인가', '학교는 무엇인가'를 묻고, 그에 답하는 '공교육 개혁의 모델'을 만들고 싶었다. 그래서 여러 어려움에도 불구하고, 대도시에 21학급의 중규모로, 기숙학교가 아닌 통학하는 정규 학교를 설립했다. 너무 특별하지 않아 여느 학교에서도 영감을 얻거나 참조할 수 있는 모델을 만들고 싶었다. 그래서 학업능력이 뛰어나고 인성도 좋은 아이들이 아니라, 학업능력과 인성 면에서 다양한 아이들을 선발하려고 했다.

교육청에서 설립 인가를 받는 과정은 어렵고도 까다로웠다. 결국 재정 지원은 받지 못하고 설립 인가만 받았다. 그래서 어쩔 수 없이 처음에는 중산층 아이들을 중심으로 시작했다. 다행히 교장 임기 8년을 마치기 전에 교육청의 재정 지원을 받게 되어 지금은 중학교는 무

상교육을 실시하고, 고등학교는 주변 학교들과 동일한 수준의 학비를
받고 있다.

이우학교는 형식상으로는 정규 대안학교(법제상으로는 대안형 특성
화고등학교)인데 '공교육 개혁의 모델'을 꿈꾸었으니, 주변에서 그 정
체성을 이해하기 어려웠다. 귀족학교라는 둥, 무늬만 대안학교라는 둥
말들이 참 많았다. 하지만 우리는 교육과정 편성과 운영의 자율권을
가장 많이 보장받는 형식을 찾은 것이라서 그런 오해와 편견에 구애
받지 않고 우리의 길을 헤쳐 나갔다.

개교 4년째 접어들던 2006년부터는 학교의 교육활동을 전국의 선생님들과 연구자들에게 공개했다. 한 해에 2,000여 명씩 들렀으니, 당시 학교 혁신에 관심 있는 분들은 대부분 다녀가신 것 같다. 2009년에 경기도교육청이 혁신학교 정책을 시작하였고, 2010년에는 전국의 6개 교육청이 이를 이어받아 각 시도의 여건에 맞는 혁신학교들이 속속 등장하게 되었다. 초등에서는 남한산초등학교가, 중등에서는 이우학교가 각각 학교 혁신의 모델이 되면서 점점 더 많은 이들의 주목을 받게 되었다.

이우학교에서 참 많은 아이들을 만났고, 아이들이 나에게 많은 것을 가르쳐주었다. 늘 가르치려 들고, 내 기준으로 아이들을 평가하려고만 들던 내가 '꼰대' 티를 벗어난 것은 전적으로 이우학교 아이들 덕택이다. 오랜 세월 몸에 씌워진 모범생의 굴레에서 벗어나는 게 학습이나 수양만으로는 어려웠다. 무엇보다도 스스로, 또 함께 무엇인가를 기획하고 저지르는 과정에서 아이들의 역동적 성장이 이루어지며, 그 과정을 함께 할 때 교사도 성장한다는 것을 실감했다.

공교육의 혁신은 어떻게 가능할까?

1기와 2기 교장 임기 8년을 마치고 한결 자유로운 처지가 되면서 본격적으로 전국의 혁신학교를 지원하는 일에 나섰다. 공식적으로는 백수인데, 어찌 된 일인지 교장을 할 때보다 더 바빠졌다. 전에는 바빠도 한 곳에서 여러 일을 볼 수 있었는데, 전국에 있는 학교와 교육청을 다니다 보니 동선이 매우 길어졌다. 학교 혁신의 열망으로 반짝이는 선생님들을 만나는 일은 매우 즐거웠지만 오가는 동선은 그야말로 살인적이었다. 그나마 평소에 좋아하는 운동을 꾸준히 한 덕에 버텨 냈다.

그런 와중에 서울 교육을 혁신해 가는 데 힘을 보태 달라는 요구를 받고, 서울의 혁신학교를 지원하는 일에 뛰어들었다. 2012년에는 서울시교육청 곽노현 교육감의 비서실장을 맡아 교육행정에 나서게 되었다. 혁신학교가 제자리를 잡도록 돕는 일, 교육부와 교육청의 관료적 통제 장치인 교육정책사업을 간소화하는 일, 학교가 교육과정과 수업을 중심으로 운영되도록 지원하는 일 등에 힘을 쏟았다. 평생을 통틀어 가장 바빴던 1년이 아니었나 싶다. 그런데 곽노현 교육감이 중도 하차하게 되면서 이 시도는 미완으로 끝나고 말았다. 특히 개인적으로 가장 중요하고 시급하다고 여기던 교원임용 방식을 바꾸지 못한 채 끝난 것이 가장 안타깝다.

그리고 다시 '길 위의 학교 혁신 전도사'로 나섰다. 전국의 수많은 선생님들을 만났다. 그동안의 경험을 토대로 일선에서 학교를 혁신하려고 노력하는 선생님들에게 이런저런 조언을 하고 그들로부터 새롭게 배우기도 했다. 그러면서 2013년 가을부터는 그동안의 교육적 경험과 고민을 담아 한겨레신문의 '세상읽기' 코너에 교육 칼럼을 2년

간 연재했다. 교육청 혁신, 진로교육, 자유학기제, 교원임용, 인생학교 등을 다루면서 고민이 많았다.

교육 분야에서는 정책의 효과가 나타나는 것이 몇십 년 후일 수 있다. 그런데 지금 10대인 아이들은 다음 세기까지 살아가야 하고, 그 사이 인류가 지난 7만 년 동안 이룬 변화 못지않은 큰 변화를 겪을 수 있다. 따라서 지금의 교육정책은 미래가 주는 도전적 과제의 해법을 찾아야 한다고 생각했다. 설익은 생각을 지면에 올린다는 것이 상당한 부담이 되긴 했지만, 덕분에 2년 동안 미래가 교육에 던지는 질문들에 대해 많은 고민을 했고, 현재 교육에 몸담고 있는 사람으로서 어떤 대답을 준비해야 하는지 깊이 생각하는 계기가 되었다.

학교생활에 어려움을 겪는 아이들은
어떻게 깨어날까?

그동안 교육 혁신을 위해 다양한 시도를 한 이력 때문인지 2015년 SBS 창사 특집 교육 다큐 4부작 〈바람의 학교〉 교장을 맡아 달라는 부탁을 받았다. 〈바람의 학교〉는 전국의 고등학교 1학년 중 학교에서 어려움을 많이 겪는 아이들 16명을 모아 5명의 선생님들과 함께 하는 프로젝트 학교다. 원래는 단기간에 다양한 아이들을 어떻게 깨어나게 할 수 있을까라는 호기심과 도전 의식에서 〈바람의 학교〉를 하기로 마음먹었다. 그런데 여러 사정으로 인해 학교생활에 어려움을 겪는 아이들 중심으로 학교가 꾸려졌다.

서울에 연구실을 마련하여 석 달 동안 선생님들과 집중해서 준비했다. 학교 이름을 아이들의 간절한 바람, 낡은 것을 쓸어 가는 바람의 의미를 담아서 〈바람의 학교〉라 짓고는 모두들 너무 좋아했다. 선생님들과 준비하면서 학교의 방향을 다음과 같이 잡았다. 우선, '보여지는' 데 치중하기보다는 아이들 내면의 힘을 키우는 데 집중하자. 시청률을 의식하는 TV방송국이지만 의미 있는 교육 실험을 널리 알리려는 열정을 지닌 제작진은 연출 없이 찍자는 데 흔쾌히 동의했다. 그리고 특별한 방식이 아니라 어느 학교에서나 시도해 볼 수 있는 방식으로 접근하자. 또한 준비하는 교사들도 서로의 성장을 자극하며 재미있게 해 보자.

그런 각오와 포부로 시작하여, 우리는 제주도에서도 가장 외딴 지역인 가시리에서 29박 30일을 함께 보냈다. 중학교 3년 내내 낮 시간에는 늘 잠들어 있었고, 제주도에 와서도 3일을 못 참고 중도에 포기하겠다며 나와 교사들을 애먹였던 ○○이가 깨어나는 장면은 극적이었다. 원래의 학교로 돌아간 아이들은 예전과 다른 삶을 살기 시작했다. 간절한 꿈과 바람이 생긴 아이들은 더 이상 무기력하거나 비딱한 길을 걷지 않는다. 하지만 아이들에게 배움의 열정까지 일깨우지는 못한 것 같아 아쉬움이 남는다.

직장을 떠난 베이비붐 세대가 어떻게 새로운 삶에 도전할 수 있을까?

2016년을 시작하면서 전혀 새로운 일에 나섰다. 서울시와 함께 50대 이후의 '작지만 의미 있는 새로운 삶'에 도전하는 '50+인생학교'를 기획하고 학장을 맡게 되었다.

베이비붐 세대가 은퇴한다. 10여 년 전만 하더라도 은퇴하고 몇 년 여행 다니면서 쉬다 보면 경로우대증이 나왔다. 그리고 할아버지, 할머니가 되어 손주 재롱을 보면서 10년쯤 편히 지내다 저세상으로 떠나면 되었는데, 이제는 살아온 햇수만큼 더 살아야 한다. 곳곳에서 노후자금 준비를 강조하지만 50년을 버틸 자금을 마련할 수 있는 가정이 대체 얼마나 있을까? 최악의 경우 퇴직금으로 자영업에 뛰어들었다가 밑천 날리고 극빈층으로 전락할 수도 있다.

그런데 대한민국의 경제성장과 민주화를 일군 주역인 지금의 50대는 자신이 활동한 분야에 대한 풍부한 노하우와 폭넓은 네트워크, 경제력, 건강한 몸과 의지를 갖고 있다. 세상을 바꿔 본 경험도 있다. 역사상 최강의 50대가 아닐까? 그래서 자신의 경험과 능력을 살릴 수 있는 새로운 일자리를 기대하지만 현실은 냉정하다. 당장 할 일이 없다. 게다가 50년이라는 기나긴 시간을 더 살아야 한다. 50+의 시간, 과연 무엇으로 살아야 할까?

같은 50+세대로서 이 문제를 풀어 나가는 것이 매우 중요하다 싶었다. 그리고 이 분야 역시 새로운 교육적 상상력과 실험정신이 필요하다고 보았다.

그동안 50+를 대상으로 한 교육은 명강사의 강의나 프로그램을 중심으로 반짝하는 경우가 많았다. 그러나 그 효과는 들을 때뿐인 경우가 많다. 강사가 무슨 말을 했느냐보다는 학습자의 실질적인 변화가 중요한데, 풍부한 경험과 역량을 갖춘 50+세대는 남의 얘기를 듣기보다 자기 이야기를 하고 싶어 한다. 그래서 50+인생학교는 강의보다는 워크숍 위주로 운영했다.

오랜 인생 경험 속에서 쌓은 확고한 신념이나 편견, 습속을 뚫고 들어가기 위해서는 '딱딱한' 논리적 접근보다 '말랑말랑한' 감성적 접근이 중요하다. 그런 접근을 통해 여러 겹의 껍질을 벗고 자신의 내면과 마주하게 할 수 있다. 그런 토대에서 작지만 의미 있는 시도, 즉 새로운 삶을 향해 첫발을 내디디는 용기를 낼 수 있다.

한편 인생학교 전 과정에서 '잘하려 하지 말자', '잘못되어도 좋다'는 말을 자주 했다. 매번 그럴듯하게 잘하는 것이 아니라, 3개월 전 과정의 다양한 시행착오와 사연들을 통해서 성장하는 것이 중요하기 때문이다. 학교라는 이름에 값하는 '교육적' 의미는 바로 이 지점이다. 교육자가 끈기 있게 기다릴 줄도 알고 뜬금없이 마음을 툭, 치는 유연하면서도 예리한 터치를 하는 것도 중요했다.

지난 2년 동안 서울시50+재단의 서부 캠퍼스와 중부 캠퍼스가 문을 열었고, 2018년부터는 남부 캠퍼스가 문을 연다. 2017년에는 부산과 전주에서 50+인생학교가 문을 열었다. 2018년에는 부천과 인천에서 준비하고 있다. 2018년 지방자치체 선거를 거치며 그 요구는 전국적으로 확산될 것이다. 문제는 좋은 프로그램과 매뉴얼이 아니라 그것을 감당할 교육자다. 강남의 귤이 강북에 가서 탱자가 되지 않으려면 전형적인 모델을 만드는 것과 함께 마음을 건드리는 교육자를 양성하는 일에 집중해야 할 상황이다.

늘 선택의 기로에서 남들이 걷지 않은 길을 택했다

2018년, 한 갑자를 끝내고 새롭게 한 해를 맞이했다. 마흔 살부터 스무 해를, 아이들을 사람답게 기르는 교육이 아이들의 미래도 열 수 있다는 믿음으로 달려왔다.

이우학교, 혁신학교, 서울시교육청, 바람의 학교, 50+인생학교. 이곳들이 내가 달려온 현장이다.

선택의 기로에서 매번 남이 걷지 않은 길로 나섰다. 늘 새로운 길을 선택하고 새로운 일을 저질렀다. 겉으로 보면 일이 술술 잘 풀린 성싶지만 사실 선택할 당시에는 아무것도 보장되지 않은 정말 불확실한 미래가 있을 뿐이었다. 그리고 중간중간 크고 작은 실패와 좌절이 있었다. 어찌 보면 지금의 20대가 살아가야 할 미래의 모습과 비슷할 것이라는 생각이 든다. 그럼에도 나는 재미있었다.

돌아보니, 미래가 던지는 여러 질문들에 현장에서 나름 열심히 답하려 애쓴 것 같다. 미래가 던지는 주요 질문들을 모아 보았다.

- 수업에서 아이들은 어떻게 깨어날까?
- 생활지도, 아이 탓만 할 것인가?
- 체험활동, 중요한 것은 내면의 힘?
- 학교 혁신은 누구와?
- 모든 교사가 훌륭하면 될까?
- 50+세대, 새로운 배움의 모델은?
- 잘하려 하지 마라?
- 모범생이 아니라 '내면의 힘' 야성을 가진 아이로 키우는 것이

교육의 미래 아닐까?

- 아이의 야성을 장기 기획으로 성장시키려면?
- 학교가 핵심 질문과 개념을 중심으로 학생의 성장을 기획하려면?
- '성실한 직장인'이 아니라 '각성된 시민'을 키우려면?
- 학교는 소수 엘리트가 아니라 95% 학생을 중심으로?

글의 형식을 고민했다. 저자가 무슨 말을 하느냐가 중요한 것이 아니라 독자가 무엇을 느끼고, 이를 통해 우리 교육에 어떤 변화를 만드느냐가 중요하다. 그래서 현장의 구체적 질문에 답하는 방식으로 쓰게 되었다. 아들 정준민의 도움이 컸다. 짬짬이 시간을 내어 질문을 추가하고 다듬어 주었다. 미래가 묻는 질문은 역시 젊은이의 감각이 필요하다.

돌아보면 늘 조직의 책임을 맡아 '광'을 냈지만 현장은 아이들과 선생님이 만들어 간다. 이 책도 그들과 함께 만들고, 다만 기록을 내가 했을 따름이다. 아이들의 깊은 내면과 선생님들의 고뇌를 나 혼자서 어찌 다 알 수 있겠는가? 고맙고, 미안하다. 20년을 달려오는 동안, 고비마다 드러내지 않고 도움과 격려를 주신 분들께 진심으로 감사드린다.

미래가 교육에 던지는 질문은 이 책에서 다룬 것보다 훨씬 더 많고 복잡할 것이다. 그리고 답 또한 매번 새롭게 써야 할 것이다. 다만 세상의 변화가 엄청나다고 해서 교육의 본질을 놓치는 우愚를 범하지 않았으면 한다. 이 책이 근본을 잃고 곁가지만 챙기는 어리석음을 더는 데 조금이나마 보탬이 되었으면 한다.

2018년 3월

정광필

| 차례

1부

학교 혁신을 묻다

수업에서 아이들은 어떻게 깨어날까

1. 바라보는 눈빛이 공허하다?

수진 요즘 수업을 혁신해야 한다는 말을 많이 한다. 나도 그중 한 사람인데, 도대체 수업 혁신을 어떻게 해야 하는지 잘 모르겠다. 나만 해도 실제 수업 현장에서 여러 가지 시도를 하는데 실제로 잘 먹히지도 않는다. 좋다고 하는 여러 방법론이 제시되는데, 이런 방법론이 과연 중요한 것일까?

광필 나의 우여곡절 많았던 과거가 나올 차례인 것 같다. 먼저 결론부터 말하자면 수업 방법론과 기술들은 수업 혁신에 도움은 되겠지만 아이들의 배움과 성장을 보장하지는 않는다. 오히려 중요한 것은 설령 엉성하더라도 우리가 아이들을 바라보는 관점과 열정이 아닐까 생각한다. 과연 우리는 아이들을 제대로 이해하고 있을까?

이우학교의 경험을 얘기해 보겠다. 2005년은 이우중고등학교가 개교 3년 차가 되어 중1에서 고3까지 모든 학년이 채워졌던 완성 연도이다. 개교 준비를 7년 정도 했고, 처음 3년간 모두들 열심히 뛰었다. 개교 초창기에는 모든 교사들이 교과서를 다 내던지고 교재를 새로 만들다시피 했다. 그해 가을 대표적인 수업 중 하나인 중학교 2학년 철학 수업을 동영상으로 찍어 국제 워크숍에서 강평하는 자리가 있었다. 많은 선생님들이 저희 수업에 대해서 칭찬을 해 주셨다. 제일 끝에 사토 마나부 교수가 강평을 하면서 이런 말을 했다.

"아이들이 참 열심히 하는데, 정작 서로를 바라보는 눈빛이 공허하다."

"발표를 참 열심히 하는데, 제각각 자기 발표 준비만 하고 있다."

처음엔 자존심도 상하고, "이게 무슨 소리야?" 그랬는데, 돌아가서 생각해 보니까 생각할수록 이게 복잡한 문제였다. 그래서 그 비디오를 꼼꼼히 봤다. 그랬더니 빨간 점퍼의 철수라는 친구가 한 블록 수업 시간 동안 졸다가 깨다가, 온갖 고생을 하고 있었다. 철수뿐만이 아니라 그런 아이가 여럿 있었는데, 그 아이들이 이전엔 안 보였다.

우리가 주로 '수업이 좀 되고 있다', '내용도 있고 깊이도 있고 아이들이 활발하게 반응하고 거기에 맞추어서 선생님이 잘 조절하고 연결도 잘 시키고 있다'고 이야기할 때의 주된 타깃은 누구인가? 대개 어느 학교나, 어느 반에나 있는 열심히 하는 아이들이었다. 그 아이들과 주고받는 것을 중심으로 보면서 뭔가 잘되고 있고, 열심히 하고 있다고 생각했던 것이다. 그런데 그 열심히 하는 아이와 잠들어 있고 먼 산을 쳐다보고 있는 아이들과는 수업 내에서 전혀 교류가 없었다.

그중에서도 선생님 시선을 피해서 졸다가 깨다가 먼 산 쳐다보다가 열심히 하는 아이 뒤에 숨는, 이런 아이들이 새로 보이기 시작했다. 그러면서 '열심히 가르친다', '우리가 열심히 한다'라는 것이 '제대로 되는' 것을 보장하지 않는다는 것을 깨쳤다. 그리고 우리 관점의 문제를 심각하게 돌아보기 시작했다. 처음에 우리가 시작할 때에는 이런 결과를 기대했던 것이 아니었고 포부가 매우 컸다. 특히 잘 못하고, 잘 따라오지 못하는 아이들을 잘 챙기겠다는 욕심이 컸는데, 그 아이들을 다 제치고, 3년이 지난 상황에서는 양극화가 진행된 것이다. 점점 멀어져 간 것이다. 그래서 심각한 반성 끝에 '수업을 어떻게 바꿀 것인가' 하는 고민이 시작됐다. 그래서 학생들의 배움을 중심으로 수업연구회를 하기 시작했다.

2. 배우려 해야, 배운다?

수진 나도 수업할 때 주로 잘하는 아이들이 눈에 뜨였는데, 내 수업이 나름 괜찮다고 여기기 위한 자기 합리화였나 보다. 그럼, 이우학교에서는 어떻게 수업연구를 했나?

광필 당신 같은 젊은 선생님이 가졌을 압박감과 불안감이 느껴진다. 우리도 초창기엔 일반 학교에서 하듯이 수업연구회를 했다. 공개수업은 보통 학교에 처음 오셨거나 젊은 선생님들을 시킨다. 초반에 그 학교에서 제일 발언권 있는 사람들이 이야기를 시작한다. 그래도 시작은 예의상 칭찬을 조금 한 다음에, '그런데'로 시작하는 본론이 있다. 지난 10년, 20년 동안 배웠던 것, 봤던 책 등 온갖 것을 동원하여 배경지식을 깐 다음에 그 선생님과 관련된 걸 몇 가지 연결시켜서 온갖 이야기를 늘어놓는 경우가 많다. 그리고 주로는 그 선생님의 핵심적인 문제점을 지적한다. 그 많은 말들이 어쩌다가, 특별하게, 도움이 되는 경우도 있기는 하다. 그런데 대부분은 등짝에 꽂힌다. 그래서 그날 수업연구회를 마치고 나면 꼭 술을 먹게 된다. 다시는 이런 거 하고 싶지 않다. 그 심정을 아는 동료들은 마음이 짠해진다. 학교는 한동안 분위기가 싸해진다.

2010년부터는 전국적으로 이런 일이 벌어지고 있다. 의무적으

로 수업을 공개해야 하는 상황이라 수업 공개가 있는 날, 그 학교 분위기가 싸해지고 있다. '무엇을 위한 수업연구회인가?'

2006년도부터 우리는 수업연구회 방식을 바꿨다. 아이들이 빠져나가고 아이들이 앉았던 자리에 선생님들이 둘러앉았다. 칠판에 아이들의 이름과 좌석 표를 그려 놓고 이야기를 시작한다. 맨처음에는 '이 수업을 보고 내가 무엇을 배웠는지'로부터 이야기를 시작한다. 그런데 이것을 조금 더 자세히 볼 필요가 있다. 지금 선생님이 내가 이 수업을 보고 무엇을 배웠다고 이야기하는 순간 다른 분들도 다 공감이 된다. 또 수업을 본 분들은 '모두다' 내가 이 수업을 보고 무엇을 배웠는지 이야기한다. 30명이 봤으면 30가지의 이야기가 나온다. 그 이야기를 나누는 순간 분위기가 확 바뀐다. 우선 선생님들이, 전에 볼 때에는 수업을 보면서 '아, 이번에는 뭐가 문제일까', '이번엔 내가 무슨 이론을 가지고 이 선생님의 어떤 문제를 지적해야 하나' 하는 눈으로 보다가, '이 수업을 보고 내가 무엇을 배웠나'를 이야기해야 한다. 그러면 수업연구회에서 관찰하는 눈이 어떻게 달라질까?

우리가 동창회에 나가 보면 누가 선생님인지 금방 알아챈다. 무슨 이야기가 나오던 설명하려 하거나 가르치려 하고, 문제는 꼭 지적해야 한다. 교사가 본래 타고난 성격이 그럴까? 지난 몇십 년의 열악한 교육 현실이 선생님들을 이렇게 내몰았다. 그런데 우리가 늘 가르치고, 지적질을 하면 범생이들은 늘 따라서 지적질을 한다. 선생님이 배우려 하면 아이들도 배우려 한다.

이렇게 다 같이 배우는 분위기로 바뀐다. 이 점이 중요하기도 하지만 그보다 더 중요한 것은 이 수업을 공개한 분의 변화다. 우리나라의 많은 선생님들은 콤플렉스에 시달린다. 그 이유는 그동안의 일반적인 수업연구회 장면에서도 그랬지만, 위로는 부장, 교감, 교장 선생님, 또는 아이들, 혹은 학부모들로부터 선생님의 문제에 대해서 많은 이야기를 들어 왔다. 그리고 이런저런 자리를 통해서도 자신의 문제가 무엇인지 자각할 수밖에 없는 조건에서 살아왔다.

그런데 30명이 내가 수업하는 모습을 보고 뭘 배웠다고 이야기하는 것 하나하나가 수업을 공개한 선생님한테는 보약이 된다. 별안간 내가 뭘 잘하는지 정리가 되기 시작한다. 또 그 이야기를 모아 놓고 보니까, 내가 어떤 강점이 있는지 딱 정리가 된다. 스스로 생각해 보지 못했던 것까지 떠오른다.

그런데 이분이 그 이전에 수많은 콤플렉스에 시달리면서도 자기 문제를 해결하지 못했던 주된 이유는 자신의 문제가 무엇인지 몰라서 그랬던 게 아니다. 그 문제를 해결할 힘이 없어서, 그 문제를 피하고자 했기 때문이다. 그런데 한 분 한 분이 내가 이 수업을 보고 뭘 배웠다고 하는 이야기가 모아져서 정리되는 순간 스스로의 문제를 해결할 힘이 생긴다. 그래서 보약이 된다.

부수적으로 이야기하자면, 전에는 공개수업 하기 한 달 전부터 준비했다. 무슨 연구수업 하는 것처럼. 수업 시나리오도 짜고, 말 그대로 '쇼'를 준비한다. 그런데 우리는 아무것도 준비하지 못하게 한다. "준비하는 것이 의미가 없다. 일상적인 수업 그 자체로 하자. 자료? 만들지 말자. 필요한 것은 아이들의 좌석 표다. 그리고 이번 차시에 하는 것이 뭔지에 대한 것만 간단하게 한 장 이내로 준비하자"고 했다. 2007년부터 공개수업을 하는 분이 준비해야 할 것이 하나 더 늘어나긴 했다. '이 수업에서 내가 무엇을 고민하고 있는데, 참관하는 선생님들이 이런 부분을 좀 꼼꼼히 봐 주세요.' 이런 내용을 한 문단 정도 추가했다.

그동안 우리는 수업연구회 때 무수히 지적질을 해 왔다. 이제는 수업을 보고 내가 무엇을 배웠는지를 얘기하기 시작했다. 그랬더니…

3. 그래서, 아이들은 깨어날까

수진 수업연구회에서 나온 얘기들이 등짝에 꽂힌다는 말이 정말 실감난다. 내가 수업연구의 타깃이 되는 '젊은 교사'였으니. 그런데 관점을 '무엇을 배웠는지'로 바꾸자 선생님들도 지적질 대신 배우려 하고 아이들의 변화에 초점을 맞춘다고 하는 게 신기하다. 솔직히 이런 생각도 들었다. 과연 수업연구회에서 아이들이 깨어나는 모습을 실제 목격한 적이 있는지?

광필 그동안 글과 말로만 요란한 경우가 많아서 의심을 하는 심정도 이해가 된다. 실제로 내가 참관했던 중학교 2학년 과학 수업의 사례를 얘기해 보겠다. 중학교 2학년 시기의 남학생들은 반인반수에 가깝다. 그리고 옆의 여학생을 누님으로 모시고 산다. 이것은 발달단계의 차이 때문이다.

철수와 영희가 있다. 철수는 수업 시간에 졸다 깨다 하는 아이다. 공개수업이 시작되었다. 평소와 다르게 선생님들이 왔다고 해서 별안간 수업에 열심히 참여하는 모습을 보이기엔 자존심이 상한다. 그래서 난감하다. 어떤 자세를 취하고 있어야 하나, 졸기도 뭐하고. 그런 심정을 짝인 영희는 잘 알고 있기 때문에, 처음부터 뭘 같이 해 보자고 섣불리 이야기하지 않는다. 그래서 때를 기다린다.

한 15분쯤 지났다. 생물의 역사와 관련된 이야기를 하고 있었다. 그런데 철수가 역사를 좋아한다. 그러니까 영희가 "철수야, 이거 네가 설명해 줘야 할 부분인데…"라고 한다. 사실 철수도 15분 동안 헤매고 있다 보니까 견디기 힘들었다. 그 고생을 하느니 차라리 공부를 하고 말지 하는 심정인데 영희의 말에 명분 있게

모둠활동에 끼어든다.

끼어드는 그 순간을 본 선생님이 그 장면을 놓치지 않고 철수에게 다가가서 "어, 철수가 이제 시작했네"라고 한다. 이 한마디만 하고 싹 빠진다. 철수는 남은 시간 내내 막 달리기 시작한다. 그래서 끝날 때는 그 모둠에서 분위기를 잡고 한창 신이 났다. 이 모둠을 담당하던 4명의 선생님이 이 장면을 하나도 놓치지 않고 보고 있었다.

이 장면을 지켜본 4명의 선생님이 수업연구회에서 이야기하니까, 다른 모둠만 보고 있던 선생님들 입장에서는 철수가 어디 한둘인가? '아, 이 아이들을 이렇게 하면 깨어나게 할 수 있구나' 하게 된다. '맞아. 내가 저번에 철수 같은 아이한테 괜히 끼어들어서 "철수 시작했네. 딴짓하느라 힘들었는데 수업에 참여하니까 한결 좋지?"하고 늘어놓다가 걔가 삐져 버렸어. 저렇게 해야 하는데.' 이렇게 정리가 막 된다.

철수 이야기를 할 때, 사회 담당 선생님이 "아, 철수가 과학 시간에 그렇게 졸다 깨다 하는지 미처 몰랐다. 수업 시간에 역사와 관련된 이야기만 나오면 아이가 말이 너무 많아서 브레이크 거느라 애로 사항이 많았다"라고 얘기한다. 그러면 철수의 담임선생님이 "1학년 2학기 때부터 부모님 사이가 나빠지면서 별안간 무슨 일만 있으면 반항하고 그렇게 되었다. 요새 부모님이 성당에서 하는 부부 상담 프로그램에 다녀오시더니 사이가 괜찮아진 것 같다. 그래서 한동안 이야기하면 들은 척도 안 하더니 요샌 다시 대화가 좀 된다." 이런 이야기를 한다. 그러니까 수업연구회 안에서 철수가 수업 시간에 깨어난 장면만 이야기하는 것이 아니라 철수와 관련된 매우 풍부한 이야기들이 펼쳐진다.

4. 니들이 C를 알아?

수진 수많은 철수들이 이렇게 반등의 기회가 있음에도 불구하고 저 같은 선생들로부터 버려지고 있었다는 게 느껴진다. 방법이 없는 게 아니라 방법을 찾지 못한 것인데, 지금껏 반쯤 포기했던 것 같아 그들에게 미안해진다. 철수처럼 수업 시간에 먼 산만 쳐다보거나 딴짓하는 아이들 얘기를 더 들려주었으면 좋겠다. 내 수업 시간에 있는 수많은 철수들을 위한 단초를 부탁한다.

광필 내 경험이 당신의 열정에 불을 붙인 것 같아 기쁘다. 좀 더 디테일하게 '철수의 입장'에 대해 이야기해 보겠다. 철수를 군이 분류하자면 A, B, C 중에서 C에 해당한다. 그런데 철수가 왜 C인가 하는 점에서 우리가 이해하는 방식이 매우 특이하다. 흔히 철수는 기초가 부족해서 C라고 분석한다. 그렇기 때문에 그 대책도 구체적으로 보면, 쉬운 것을 오랫동안 반복해서 가르쳐야 한다고 생각한다.

철수 입장에서 쉬운 것을 반복해서 오랫동안 가르치면 심정이 어떨까? 아마 미치고 환장할 것이다. 그래서 철수 입장에서는 '자신이 못해서'가 아니라 '하기 싫다'로 바뀐다. 그런데 고등학교에 올라오면 더 복잡해진다. 밤 10시까지 잡아 놓는다. 미친다. 그것을 견딜 수 없으면 학교를 떠나야 한다. 그런 아이들을 감당하기 쉽지 않으니까, 지금 많은 학교들을 보면 고등학교 1학년 3~4월 사이에 10개가 넘는 반 중에 아예 한 개의 반 정도가 없어지기도 한다. 아이들을 털어 내거나 폭탄 돌리기를 한다.

그런데 아까 우린 철수가 영희와 선생님 사이에서 깨어나는 장면을 봤다. 이 장면을 꼼꼼하게 새겨볼 필요가 있다. 철수가 많은 수업에 참여하는 동안, 아무것도 안 한 것은 아니고 배움의 경험을 그냥 낱낱으로 쌓아만 두고 있었다. 그러다가 영희가 한마디 거들고 선생님이 한마디 더 거든 순간, 철수가 관심을 갖고 참여를 하는 바로 그 순간, 쌓여 있던 여러 경험들이 연결되기 시작한다. 한 번 연결되면 급격히 연결되고 정리가 쫙 된다. 철수가 1시간 넘는 수업 시간 동안 쫙 나갔다는 것은, 그동안 철수가 그냥 손을 놓고 있었던 많은 배움의 경험들을 모아 내기 시작했고, 한 번 모아 내기 시작하니까 정리가 되고 튀어 오른 것이다.

조금 전에 얘기했던 '쉬운 것을 반복해서 오랫동안 가르치는

것'과 달리 이 과정의 핵심적인 고리는 철수가 '내가 배우겠다!'
고 맘을 먹었다는 점이다. 결국 중요한 부분은 '이 아이를 어떻게
맘을 먹게 하느냐'이다. 결국 우리가 수준별 수업이라든지, 안 되
는 아이들을 붙잡고 뭘 막 하는데, 엄청나게 열심히 하지만 결과
는 그렇지 못하다. 오히려 철수가 깨어나는 이 과정을 우리가 어
떻게 만들어야 할 것인가 하는 부분에서 관점의 변화가 필요하
다. 2006년도에 수업연구회를 몇 번 하다가 바로 깨쳤다. 그리고
지금 위와 같은 관점으로 C를 이해하는 데는 한 2년 반 정도 걸
린 것 같다.

그동안 우리는 C에게 쉬운 것을 오랫동안 반복해서 가르쳐야 한다고 생각했다. 실제 C는 어떻게 깨어나는가?

5. 가짜 A 전성시대?

수진 결국 우리가 무엇을 하든 '철수의 입장'에서 납득할 수 있는 연결지점을 만들어 줘야 한다는 것이 인상적이다. 지금까지 그들의 입장에서 생각하지 않았던 것 같다. 그런데 철수가 깨어나는 과정에서 철수의 입장을 이해하는 것뿐만 아니라, 영희의 역할이 중요하다는 것을 확인했다. 혹시 영희 엄마가 학교에 문제를 제기하지 않을지 염려된다. 대체 영희는 언제 자기 공부를 하느냐고. 솔직히 그런 엄마들 많지 않나.

광필 그렇다. 그런 엄마들 진짜 많다. 그렇지만 그런 엄마들을 설득할 수 있을 법한 경험을 이야기해 보겠다. 이번에도 과학 수업의 사례다.

창문을 열면 찬바람이 쏟아져 들어온다. 폭을 좁게 하면 바람이 빠르게 들어온다. 활짝 열면 바람이 느리게 들어온다. 이것을 물리에서 '베르누이의 정리'라고 한다. 지금 이 이야기를 물리 시간에 선생님이 한참 설명하고 있는데 철수는 답답하다. 그래서 그것을 옆의 영희에게 '야, 근데 그게 왜 좁아지면 빨라지고, 넓어지면 느려져?' 하고 묻는다. 그럼 대개 우리 시대의 A인 영희는 '그게 베르누이의 정리야'라고 대답한다. '베르누이의 정리가 뭔데?' '응, 좁아지면 빨라지고 넓어지면 느려지고.' '그거 똑같은 말이잖아.'

이 시대의 A가 대부분 가짜라고 할 때, 지적인 측면에서도 가짜라고 주장하는 근거는 이것이다. 대부분의 것들을 그냥 외우고 있다. 왜 그런지 설명할 능력이 없다. 더군다나 철수와 같은 아이들이 이해할 수 있도록 설명할 수 있는 능력은 더더욱 없다.

그런데 이렇게 된 것이 아이들 탓이 아니다. 예전에는 선생님이 철수에게 다가가 '야! 뭘 따지고 그래. 그냥 외워!' 그러면 철수는 주눅이 들어 말문이 막히고 다시는 그런 질문을 하지 않는다. 영희는 우쭐해서 앞으로 웬만한 것은 다 외워 버린다. 요즘에는 상황이 바뀌었다. 선생님이 영희에게 다가가 '지금 철수가 던진 질문은 굉장히 중요하다. 네가 철수가 알아듣도록 설명할 수 있게 된다면 너는 베르누이의 정리가 무엇인지 제대로 알게 될 거야. 모둠 내에서 같이 궁리해 봐!'

'EBS 문제집에서 수능 문제가 70% 나온다는데 그건 사기다'라는 말이 나오고 있다. 그렇다면 수능이 아이의 암기 능력을 테스트하는 것이란 말인가? 원리를 제대로 이해하면 어떻게 응용하든 다 해결할 수 있다. 그런데 난 다 외우고 있는데 왜 똑같은

게 안 나왔느냐고 이야기하는 것은 그가 지적으로 가짜이기 때문이다. 여기서 중요한 것은 C가 모르는 부분이 교과에서 가장 본질적인 부분이라는 것이다. 수학으로 말하면 정리나 공식에 해당되는 부분들이다. 그게 왜 그런지, 증명하기가 제일 어렵다. 그런데 그것을 해내야만 온전히 이해하고 있는 것이다. 그런 면에서 우리나라 학교의 A들은 지적으로 사이비다.

다음으로 A들이 자신이 잘난 줄 알고 우쭐해 하는 것을 얘기해 보자. 지금 우리 시대에는 공부만 잘하면 모든 게 용납된다. 집에서도 그렇고, 학교에서는 내신 점수를 몰아주기까지 한다. 사회에 나가서도 처음엔 그렇다. 그런데 최근 이 문제가 복잡하게 꼬이기 시작했다.

이우학교 얘기부터 해 보자. 이우학교에서 근래 선생님을 모실 때 첫 번째로 SKY 출신을 제일 경계한다. 안 뽑는다는 얘긴 아닌데, 경계를 한다.

'얼마나 이 사람이 범생이일까. 애들을 과연 이해할까. 이해? 당연히 못하겠지. 그런데 노력해서 아이들을 이해해 보려고 스스로 여러 변화들을 시도할 가능성이 있을까. 힘들 거야.'

이런 의심으로 선생님을 본다. 대기업 인사 담당자들이 요새 SKY 출신을 매우 경계한다. 기가 막힌 성적으로 여러 스펙을 갖추고 들어왔다. 그래서 더 좋은 자리가 나타나면 바로 떠나갈 가능성이 많다는 점이 첫 번째 문제다. 두 번째 문제는 팀플

임용후보자 선정경쟁시험

○일시 : 2009 . 11. 08(일) 09 : 00 ~ 12 : 40   ○시험과목 및

서 울 특 별

FILA

레이가 힘들다는 점이다. 어느 팀에 배치가 됐는데, 그러면 당연히 못하는 사람도 많고 부족한 사람도 있기 마련이다. 그런데 그 사람들과 뭔가를 같이 하고 팀 차원에서 무언가를 협업하는 걸 잘 못한다. 급하면 그냥 혼자 해치워 버리거나, 늘 칭찬만 받아 왔으니까 무슨 일이 생기면 공은 자기가 차지하려 하고. 그러니까 인사 담당자 입장에서는 SKY 출신을 경계하게 된다. 이 문제는 공부만 잘하면 모든 게 용납되는 분위기에서 왔다고 보아야 한다.

이 시대 A는 대부분 가짜다. 제대로 된 A를 길러 내려면 학교 교육은 어떻게 달라져야 할까?

수진 선생님 말씀을 들으면서 속으로 많이 움찔했다. 과연 나는 아이들을 제대로 가르칠 수 있는 사람인지, 사범대나 교육대학원에서 내가 배운 것들이 정말로 좋은 교사가 되기 위해 필요한 것들이었는지, 더 나아가 과연 그런 내가 '그런' 엄마들을 설득해 낼 수 있을지, 어쩌면 내 자신이 그런 엄마들이 원했던 학생이고, 또 그런 어른이 된 건 아닐지.

광필 설령 당신이 그렇다 하더라도 당신처럼 그걸 자각하게 됐다면, 괜찮다. 소크라테스도 말하지 않았는가. 네 자신의 무지를 알라고. 모든 것은 거기에서부터 시작이다. 해서 교사가 되는 과정에 대해 좀 더 이야기해 보겠다. 우리 사회에서 교사가 되는 과정은 특별하다. 엄청난 범생이가 아니고서는 사범대생, 혹은 교사 자격증을 얻기가 힘들다. 설령 교사 자격증을 얻는다 하더라도 교사로 임용되는 과정이 만만치 않다. 대단한 범생이들만 교사가 될 수 있다.

우리의 교육 현실은 어떤가? 어디 철수가 한둘인가? 이제 그런 어려운 처지에 있는 아이들을 만나는 선생님들의 모습을 보자. 이건 내 이야기이기도 하고, 우리가 초반에 겪었던 이야기이기도 하다. 반인반수로 살아가는 아이들을 도저히 이해할 수 없다. "너 어떻게 그럴 수가 있냐?" "난 도저히 이해할 수가 없다." 이 말이 익숙한 말 아닐까?

인간은 이성적 존재라기보다는 욕망과 감정을 지닌 동물에 가깝다고 생각한다. 인류는 지난 오백만 년 동안 야생으로 살아왔다. 최근에 온갖 이론과 학설을 동원해서 뭐라고 설명하고 있을 뿐이다. 논리적으로 타당한 말을 한다고 설득이 될까? 논리 때문에 설득이 되는 일은 없다. 그것은 인간이 감정을 지닌 동물이기 때문이다. 공감하고 마음에 와 닿을 때만 사람이 움직이는 법이다.

지금 우리가 이 문제를 어떻게 극복하느냐 마느냐는 아이들과 마음으로 만날 수 있느냐 없느냐와 직결된 문제이기도 하다. 그래서 저는 가능성이 없다고 말하는 것이 아니라 우리가 얼마나 가짜 A인가를 냉정히 보고 거기서 시작해야만 아이들과 온전히 만날 수 있다고 얘기하려는 것이다.

아이들은 반인반수다. 동물에 가까우면 가까울수록 본능이 발달한다. 선생님이 자기를 이해하는지, 자기를 좋아하는지 아이들은 본능적으로 안다. 어릴수록 더 그렇다. 철수와 같이 C면 C일수록 동물에 가깝기 때문에 더 잘 안다. 그래서 우리가 먼저 바뀌어야 한다.

사범대, 교육대학원 등 교사 양성과정, 그리고 교사임용 과정은 가짜 A를 만들고 있다. 그러면 재교육, 연수는 어떻게 접근해야 할까?

수진 교사들이 대부분 가짜 A라는 말씀이 비수처럼 가슴을 파고든다. 논리로만 C를 상대하려고 했던 내 모습도 떠오른다. 그렇다면 이미 교사가 된 나 같은 교사들이 성장하기 위해선 수업연구회와 같은 교사 연수가 중요할 텐데, 수업연구회가 성공적으로 정착되려면 어떤 접근과 노력이 필요할지 얘기해 달라. 나에게도 희망이 있다고 말해 달라.

광필 어떻게 수업연구회를 통해 교사가 변화하는지에 대해 구체적

인 이야기를 해 줄 수는 없다. 왜냐하면 교사가 전체적인 맥락 속에서 변화하는 것이지 수업연구회 하나로 변화한다고 말할 수는 없기 때문이다. 그렇지만 분명 변화할 수 있다. 또 그 전체적인 맥락 중 수업연구회는 학교 혁신의 가장 중요한 고리라 할 수 있다. 그런 만큼 교장, 교감의 적극적인 역할이 요구된다. 먼저 모든 수업연구회에 참여하여 의미 있는 발언을 해야 한다. 예전처럼 수업의 문제점을 지적하는 게 아니라 이 수업에서 내가 무엇을 배웠는지를 진솔하게 얘기해야 한다. 이렇듯 교장, 교감이 수업연구회를 주도하지는 않지만 강력한 후원자가 된다면 성공할 확률이 높다.

둘째, 단계적 접근이 필요하다. 1학기 정도는 앞선 학교의 수업연구회에 참여해 보고 수업 혁신에 관한 세미나를 자발적으로 열어 볼 필요가 있다. 학교장 재량 휴일을 실시해서라도 단체로 타 학교의 수업연구회를 견학하고 그에 대해 함께 얘기하는 시간을 갖는 게 정말 중요하다. 그리고 수업 혁신을 돕는 연수가 많은데, 방학을 이용해 교사가 그런 연수를 받을 수 있도록 학교에서 연수비 등을 지원하면 좋겠다. 2학기부터는 자신 있는 분들부터 수업을 공개하고, 그것을 바탕으로 다음 연도에 학교 전체로 확대하면 좋을 것이다.

셋째, 수업을 공개한 교사를 주인공으로 모신다. 꽃다발도 준비하고, 작은 선물도 마련해 보라. 또 수업연구회 자리에 최고의 간식을 준비하라. 그러면 교사들 사이에 따뜻한 분위기가 형성된다.

수업연구회는 학교 혁신의 가장 중요한 고리. 그러니, 연구부에만 일임하지 말고 교장, 교감도 분위기 조성에 앞장서야 한다.

6. 혁신도 3년이면 시들하다?

수진 수업연구회 하나로 교사가 성장할 수 없다는 말에 동감이 가
긴 한다. 그래도 전체적으로 학교가 변화하는 과정에서 교사가
성장할 수 있다는 말이 힘이 된다. 전에 있던 혁신학교에서는 수
업연구회를 시작한 지 3년째 되니까, 교사들 사이에 이제 수업연
구회를 그만하자는 의견들이 나왔다. 수업 혁신은 이 정도면 됐
다 싶은 거다. 비슷한 이야기들이 반복되니까. 이우학교에서는 그
런 일이 없었는지 궁금하다.

광필 이우학교에서도 비슷한 문제가 발생했다. 수업연구회를 3년쯤
하다 보니까 '이 수업을 보고 내가 무엇을 배웠는지' 더 이상 할
얘기가 없어졌다. 그리고 아이들 이야기도 심드렁해졌다. 그래서
수업연구회가 소강상태에 접어들었다.

2009년 가을 어느 날 수업을 참관하다가 묘한 느낌을 받았다.
제가 볼 때도 다른 학교와 우리 학교 수업의 질이 다르다. 아이들
의 집중도도 그렇고, 분위기도 다르다. 그래서 항상 대단하다고
생각하고 있었는데, 그때 형용할 수 없는 묘한 느낌이 들었다.

아이들이 선생님이 무엇을 원하는지 알고 수업에서 어떻게 해
야 하는지도 알고, 그래서 거기에 맞춰 발언하고, 눈빛도 맞추고,
활동도 하고 있다는 느낌을 받았다. 선생님은 기대했던 수준만

큼 하고 있는 아이들에게 만족해하고, 현재 자신이 갈고닦아 만
든 활동지 내지는 수업 준비 내용에 대해 매우 흡족해하고 있었
다. 가끔 다른 학교에 가서 본 수업과는 비교가 안 될 정도로 좋
으니까. 그때 불현듯 제가 느낀 것은, 이렇게 1년만 가면 한 방에
무너지겠다는 생각이 들었다.

　문제의 핵심은 이렇다. 이전과 비교하여 대단히 훌륭하다. 질적
인 차이가 있다. 그렇지만 그런 질적인 차이에도 불구하고 더 이
상의 자극과 성장을 이끌어 낼 수 없다면 그 수준마저 무너지게
되지 않을까? 그런 위기감을 느꼈다.

수업 장면만이 아니다. 예를 들어 고등학교 2학년 때 아이들이 직접 기획하고 추진하고 평가까지 하는, 주제가 있는 통합기행을 간다. 한 3~4년 동안 그 과정이 아이들에게 활력을 불어넣었다. 멋진 기획안이 나오고 아이들이 그것을 준비하면서 성장했다. 그게 4~5년쯤 되니까 그전까지 선배들 사이에서 나왔던 좋은 안들 중 하나를 골라서 다듬은 후, 지원자를 모으면 된다. 기획안뿐만 아니라 여행에 필요한 체크리스트도 이미 홈페이지에 선배들이 다 올려놨다. 때 되면 한 열흘 준비했다가, 3박 4일 잘 다녀온 후 보고서까지 깔끔하게 만들어 잘 마무리한다. 멋있다. '그런데 그렇게 하는 것이 너의 성장에 어떤 의미가 있느냐'라고 묻는 순간 아무 대답이 없다. 싱거워진 것이다. 고2쯤 되면, 중 1때부터 이것저것 웬만한 것 다 할 줄 안다. 더 이상 자신의 성장을 자극하는 새로운 도전이 없다.

당시 매우 심각한 상황이라고 생각했다. 아이들의 야성이, 도전정신이 죽어 가고 있는 것이다. 그래서 수업연구회의 초점을 바꿨다. '내가 이 수업에서 뭘 배웠느냐', '아이들이 어디에서 배움이 멈칫거리느냐', '어디서 깨어나느냐' 같은 이야기는 더 이상 예전처럼 중요하지 않다. 영희의 입장에선 뻔한 것들이 너무 많아졌고, 철수마저도 이제 대충 풍월은 읊기 때문이다. 이제 아이들의 배움과 성장을 자극하는 도전적인 문제, 그러니까 영희와 철수가 함께 20여 분 정도 고민하지 않고는 풀 수 없는 문제를 수업에서 잘 던지고 있느냐가 중요해졌다. 그래서 2010년 부터 이런 문제를 중심으로 수업연구회를 하는 것으로 뜻을 모았다.

결과는 썩 만족스럽지 않았다. 다섯 번을 하면 겨우 한두 번 정도 아이들이 그 장벽을 뛰어넘어 반짝이는 걸 볼 수 있을까? 아이들의 머리를 뒤흔들어 지적 도약을 일으키는 게 그렇게 만 만치 않았다. 2011년 2월에 제가 이우학교를 떠났으니까, 그 이후 상황은 잘 모르겠다. 하지만 이후에도 선생님들이 다양한 시도를 하고 있는 것으로 알고 있다.

3년 정도 수업연구회를 하다 보면 아이들이 비교적 수업에 잘 참여한다. 그러다 보면 교사도 매너리즘에 빠진다. 이때야말로 수업연구의 도약이 요구되는 시점이다.

수진 다양한 시도가 있다고 하는 말이 복선처럼 느껴진다. 지금의 당신이 준비하고 있는 교육에 그 내용이 포함되어 있지 않나.

광필 그렇다. 이우가 아닌 다른 곳에서의 시도이다. 그리고 미래 교육이 나아갈 지점이기도 하다. 그에 대한 이야기는 나중에 하도록 하겠다. 지금의 이야기도 사실은 '나중의' 이야기를 위한 포석이다. 이미 현재에 와 있는 미래의 단초를 당신이 캐치한 것 같다. 그러니 지금의 궁금증을 갖고 앞으로의 글도 읽어 주길 바란다.

생활지도, 아이 탓만 할 것인가?

인권조례 제정 후 모두들 생활지도가 어렵다고 한다. 사고 치는 아이들이 이해는 안 되고, 그렇다고 생활지도를 열심히 하면 아이들이 바뀔까? 혹시 겉으로만 잘 길들여지는 것은 아닐까? 그러다가 결정적인 순간에 터져 나오는 것은 아닐까? 그래서 아이들 깊은 내면의 힘을 성장시키는 것이 중요하다. 그러나 그것이 어디 쉬운가?

1. 중딩의 설치미술?

수진 학급에 늘 감당이 어려운 아이들이 있다. 상담도 안 통하고, 생활지도를 하면 더 엇나간다. 때때로 이야기 와중에 아이들의 눈빛이 무서운 순간이 있다. 그럴 때 이러려고 선생이 됐나, 싶다.

이우에서 당신은 어땠나?

광필 부끄러운 깨달음의 기억이 나올 시점인 것 같다. 2009년 3월
15일 중학교 3학년 점심시간 남자 화장실 사진이다. 양변기에 새
휴지가 박혀 있고, 왼쪽에 변기 청소 하는 솔과 스테인리스 물컵
이 뒤집혀져 박혀 있다.

배경 설명이 좀 필요한 것 같다. 이 아이들 1년 선배가 좀 문제
가 있었다. 문제란 게 다른 것이 아니라 문제가 없는 것이 문제였
다. 이우학교에서는 아이들을 선발할 때 다양한 구성을 중요하게
생각한다. 학업으로는 잘하는 아이, 못하는 아이가 골고루 모여
있는 정규 분포를 그리게 하고, 인성으로도 제각각 다양한 아이
들로 구성하는 것이 중요하다고 생각한다. 매년 그렇게 아이들을

선발하는데, 고려 사항이라면 두 가지가 있다. 하나는 새로이 구성되는 학년 팀에서 감당 가능한 수준, 그리고 학교의 지향점에 공감하느냐, 이 두 가지를 염두에 두고 나머지는 최대한 다양하게 학생을 선발하고 있다.

그런데 이 아이들 한 학년 선배들과 중학교 1년을 지내고 보니, 골고루 뽑았다고 생각했는데 범생이들이 그 학년의 문화를 너무 주도했다. 그러니 좀 사고 칠 만한 아이들이 자꾸 찌질이처럼 아무것도 못한다. 그냥 조금 토닥거리는 것 말고 큰 사건 사고가 안 일어난다. 사고가 생겨야 그것을 교육적으로 풀어 볼 수가 있는데 일이 안 터지는 것이다. 선생님들이 참 답답해했다.

그래서 그 일 년 후배인 이 아이들을 뽑을 때 좀 사고 칠 만한 아이들을 조금 더 선발했다. 이우에서는 이런 애들을 '쏘가리'라고 하는데, 양식장에서 붕어들이 좀 비실비실할 때가 있다. 그럼 쏘가리를 한 마리 푼다. 처음 한두 마리는 잡아먹히는데 나머지 붕어들은 다 깨어난다. 이런 쏘가리 같은 아이들을 좀 챙기고, 특별히 배려가 필요한 아이들을 좀 더 뽑았다.

1학년 1학기가 되었는데, 이제 갓 초등학교 졸업한 6학년 아이들이 얼마나 귀여운가. 1학기는 조용히 지나갔다. 기대했던 아이들도 안 움직이고. 그런데 방학 끝나고부터 아이들이 덩치부터 달라져서 움직이기 시작했다. 일주일에 몇 건씩 터지기 시작했다. 한 건이 터지면 2주에서 3주 정도의 과정이 필요하다. 맨 처음에 사고를 친 아이들을 불러서 경위를 파악하고 후속 조치로 부모도 불러서 상담한다. 상황에 따라 아이들을 데리고 농촌 봉사를 일주일 가거나 과제를 맡기고, 더 심한 경우는 전문 상담으로 외부에 의뢰하는 등 이런 식으로 2, 3주가 걸린다.

터진 건을 한창 처리하고 있는데 또 한 건 터지고 이런 식으로 2학년 말까지 사건이 계속 이어졌다. 늘 사고를 치는 아이들이 계속 치는 거고, 무슨 일이 생기면 그 아이들은 항상 용의자가 된다. 늘 사고가 터지면서 선생님과 아이들이 싸우는 관계가 되었다.

그렇게 1년 반을 하다 보니까 대체 우리가 지금 뭘 하고 있는 거냐 하는 회의가 들기 시작했다. 무슨 강력계 형사반도 아니고 아이들과 싸우기만 하고 아이들의 변화는 없고 계속 사고는 터지고. 그래서 3학년을 앞두고 전열 정비를 했다. 학년 팀 멤버도 새로 짰다. 아이들도 심상치 않은 변화를 느꼈다. 한 보름 동안 분위기를 살폈다. 그리고 딱 위 사진처럼 이런 일이 벌어졌다. 혹여 선생님들 반응이 약할까 봐 사진에 나와 있는 것뿐만 아니라 화장실 문짝도 아예 뜯어냈다.

수진 마음먹고 뭔가 하려고 하면, 소위 '쏘가리'들이 전보다 강한 반응을 보였던 것 같다. 그럴 때 잘해야 된다는 걸 아는데, 솔직히 저는 잘 대처하지 못했다. 결국엔 그 아이들 기가 살아서. 어

찌 됐든 빨리 다음 이야기를 듣고 싶다!

광필 그 아이들 기가 살았다는 말에서 당신의 간절함이 느껴진다. 다시 이야기를 계속하자면 점심시간에 학년 팀 선생님들이 쫙 모였다. "누굴까?" 7, 8명이 떠오른다. 그러면 그 아이들을 불러서 조사해 보자 하는데, 학년 팀장 선생님이 "우리 지난 1년 반 동안 일 터지면 아이들을 불러서 조사하고, 후속 조치로 상담하고, 봉사시키고, 그러다 보면 또 일이 터지고. 그런 식으로 반복이 되었는데 이번에 또 그럴 겁니까? 오늘 하루 깊이 생각해 보고 내일 대처합시다"라고 마무리를 했다.

이 팀장님이 도덕 담당 선생님인데, 다음 날 시간표를 조정해서 반마다 다 들어갔다. 들어가서 위 사진을 화면에 띄워 놓고 "어제 점심시간에 남자 화장실에 이렇게 굉장히 독특한 설치미술이 되어 있더라. 이 작품을 만든 예술가가 표현하고자 하는 바는 뭘까? 우리 그것에 대해 한 블록 동안 이야기해 보자"라고 했다.

지난 1년 반 동안 늘 용의자로 살아온 아이들의 고통, 학교뿐만이 아니라 집에서도 한 소리 들은 이야기, 속상한 이야기 등이 다 나왔다. 팀장님은 그 이야기마다 공감을 해 가면서 아이들 마음을 다독였다. 그래서 어린 시절 이야기까지 다 나왔다. 그날 저녁에 그 7, 8명 아이들이 모였다.

"야, 종쳤다. 우리 마음, 선생님들이 다 알아 버렸다. 개겨 봤자 소용없다. 이제 그만하자."

8명의 마음이 탁 풀렸다. 이 아이들은 중학교 3학년 내내 별다른 일이 없었다. 간간이 토닥거리는 건 있었지만. 이 아이들이 이제 고등학교 1학년이 되었다. 이우에서는 고등학교 1학년이 꽃이라고 할 수 있다. 동아리 활동도 많고, 자치활동도 많고, 〈한여름 밤의 꿈〉이라고 큰 무대에서 반별로 연극하는 것도 있고, 해외 통합기행도 있다. 역대 고1 중 최고의 활동력을 보이는 아이들이 되었다.

　　당시에 그런 사건들이 있고 난 후 다른 학교랑 이것저것 이야기하다 보니까, 그 또래 아이들이 전반적으로 공격적이고 거칠다고 한다. 이것을 가만히 여러 가지로 분석해 보니까 이 아이들이 서너 살 때 금융위기가 닥쳤다. 가정 분위기도 안 좋고, 그냥 "그만해" 한마디로 해결할 거 괜히 더 쥐어박고. 그러다 보니 아이들이 억압된 것이 많고 쌓인 게 많고 스트레스가 많았다. 이런 것들이 공격성으로 나타났다. 선생님한테 잔소리 들으면 약한 아이 괴롭히게 되고. 그런데 이게 하나의 에너지이기 때문에 방향을 제대로 잡으면 굉장한 활동력으로 변화한다. 이 이야기에서 핵심은 우리가 이 힘을 어떻게 이해하느냐 하는 부분이다. 그동안 아이들의 마음을 이해하지 못해서 아이들하고 싸웠던 걸 크게 반성했다. 이걸 설치미술로 이해하는 데 6년이 걸렸다. 그 팀장님이 그 일을 설치미술로 이해하게 된 데는 중요한 배경이 있었다.

남자 화장실에 이렇게 굉장히 독특한 설치미술이 되어 있더라. 이 작품을 만든 예술가가 표현하고자 하는 바는 뭘까?

2. 선생님들도 성장하려면 쏘가리가 필요해?

수진 설치미술로 이해한다는 것은 정말 대단하다. 처음에는 뭔 소린가 했다. 알아듣고는 감탄했다. 저렇게 아이들에게 다가갔으니 아이들이 마음을 열지 않고 배길까. 그런데 그것이 쉽게 가능하지는 않았을 텐데, 그사이 어떤 내공을 쌓았나? 설치미술로 이해하는 중요한 배경이 있었다니 사연이 많았을 것 같다.

광필 그 팀장이 2008년 고등학교 2학년 팀에 있었다. 당시 고등학교 2학년 아이들은 이우중학교를 2번째로 입학한 아이들이고, 고등학교는 5번째로 졸업하게 되는 아이들이었다. 그 아이들이 바로 이우학교의 중요한 역사를 써 왔던 아이들이다. 학내 최초의 음주, 흡연, 폭행, 집단 갈취, 절도 등등. 그리고 우리 학교 선생님들이 흘린 눈물의 반이 그 친구들과 관련되어 있다.

이 아이들이 고1로 입학했을 때 그 아이들을 어떻게 해야 하는지 학년 팀 차원에서 힘들 것 같아서 교장, 교감이 학년 팀에 합류했다. 고2까지 한 1년 반 동안 그 아이들을 붙들고 온갖 씨름을 했다. 학년 팀 선생님들이 감당을 못하면 교장실로 온다. 그러면 그 아이들에게 훈계를 한다. "어떻게 그럴 수 있느냐, 이우학교에서." "이우학교가 추구하는 게 뭔데?" "너희들에게 뭘 가르치려고 했는데!" 온갖 이야기를 늘어놓는다. 아이들 입장에서는 꼰대가 계속 되지도 않는 소리를 하는 것이었겠지만. 교장은 아이들을 도저히 이해할 수가 없었다. 저만 그랬을까? 모두가 마찬가지였다. 1년 반을 그러다 보니까 조금씩 이해하게 되었다. 교장치곤 많이 이해했다. 그때 크게 깨쳤다. 그래서 저 아이들의 설치미술을 이해하는 데 6년 정도 걸린 것 같다.

3. 아이들은 어떻게 찌그러지나

수진 1년 반 동안 크게 깨쳤다고 하는데, 와 닿지 않는다. 나도 저런 애들, 상대는 많이 해 봤다. 상대해 본다고 크게 깨치는 것은 아니다. 아무래도 구체적인 사례로 설명하면 도움이 되지 않을까?

광필 미안하다. 뜬구름 잡는 말 하는 사람을 싫어하는데, 내 자신이 그럴 뻔했다. 실제 이우학교에 있었던 한 아이의 예를 들어 보겠다. 어쩌면 이우에서 가장 아픈 기억일지도 모르겠지만. 만수는 이른바 중학교 건달이다. 물론 중학교 남학생들이 다 건달은 아닐 것이다. 여기 이른바 범생이인 영호도 있다. 범생이들은 자신이 뭘 좀 안다는 티를 내는 성향이 있다. 만수가 말이 안 통하면 주먹을 참지 못하는 것처럼 영호는 '잘난 척'을 참지 못한다.

중학교 3학년 교실. 수업 시간에 선생님이 각 모둠에서 해결할 물음을 던진다. 만수는 모둠 친구들을 믿고 역시나 엉뚱한 답을 한다. 선생님과 친구들이 함께 답을 찾아가는 재미난 과정을 기대하면서.

그러나 영호는 이 상황을 참지 못한다. 답이 뻔한데 왜 또 빙빙 돌아서 시간만 낭비하느냐 싶다. 그래서 답을 즉시 말해 버린다. 영호가 또 잘난 척하는 것이라 생각해서 만수는 짜증이 확난다. 막 째려보지만 수업 시간이니 어찌하지는 못한다.

수업이 끝나고 만수가 영호를 조용히 복도로 부른다.

"야, 니가 뭘 좀 안다고 그 대목에서 꼭 나서야 되겠어?"

영호도 할 말이 있다.

"니가 뭘 모르면서 나서니까 한참을 돌아가야 되잖아?"

"뭘 모르면서 나선다고?"

만수 입장에서는 참을 수가 없다. 바로 주먹이 나가고 영호 이빨이 두 개 부러졌다. 아이들 사이에선 피(?)가 나면 판이 커진다. 그래서 아이들이 모이고 선생님들도 모이고 난리가 났다.

담임선생님이 만수를 데려갔다.

"야, 어떻게 된 거야?"

이때 만수는 하고 싶은 말이 많다. '1학년 때부터 뭘 좀 안다고 꼭 티를 내고 잘난 척하는 영호 때문에 짜증 나는 게 많았고, 오늘만 하더라도 영호가 자기 이야기를 자른 것 아닌가?' 이런 이야기를 영호가 쭉 꺼내고 싶은데, 담임선생님이 묻는다.

"왜 이빨이 부러졌는데?"

거두절미하고 이 질문만 던진다.

어? 그럼 1학년 때 이야기는 빼고, 오늘 수업 이야기부터 해야겠다고 생각한 만수가 수업 시간에 선생님이 질문한 이야기를 꺼내는데, 담임선생님은 그의 말을 끊고 또 묻는다.

"그러니까 왜 이빨이 부러졌냐고?"

만수는 담임선생님의 반복된 '이빨' 이야기에 참을 수가 없다. 쌤한테 주먹을 쓸 수는 없으니, 책상을 뒤엎어 버렸다. 담임선생님은 이제 손을 쓸 수가 없다. 학년부에서조차 감당할 수 없는 상황이 되면 나서는 사람이 교장이다.

나는 이 이야기를 전해 듣고 만수를 교장실로 불렀다. 학생부장 선생님을 옆에 앉히고 교장실에서 기다린다. 드디어 만수가 들어온다. 만수가 자리에 앉고 난 후 3분 동안 나는 아무 소리도 안 하고 그냥 바라만 본다. 만수는 점점 쪼그라든다. 속으로는 '야, 이거 안 되겠다. 1학년 때부터 이야기하지 말고 이빨 이야기부터 바로 해야 되나?' 생각하며 내 눈치를 쓰윽 살핀다. 올라갔던 눈꼬리가 살며시 내려가고, 긴장된 분위기에 맞춰 차분한 표정을 만들려고 노력한다. 먼저 학생부장이 목소리를 착 깔아서 시작한다.

"야, 어떻게 됐는지 설명해 봐!"

만수는 1학년 때부터 있었던 이야기, 오늘 수업에서 있었던 이야기는 다 빼고, 바로 이빨을 어떻게 부러뜨렸는지 상황 설명을 두서없이 쭉 늘어놓는다. 듣고 있던 학생부장이 다그친다.

"육하원칙에 따라서 다시 설명해 봐!"

만수는 땀을 삘삘 흘리며 열심히 설명한다. 교장은 담임 책상을 뒤엎은 건달이 어느 정도 숨이 죽었다 싶으니, 본격적으로 일장 훈시를 시작한다.

세상에는 멋진 말, 훌륭한 말도 참 많다. 교장이 한참 훈계를 늘어놓으면 만수는 요 대목에서 어떻게 처신해야 하는지 잘 안다. 다소곳이 고개도 숙이고, 깊이 반성하는 듯 긴 한숨도 쉬어가면서 분위기를 맞춘다.

정리가 된 듯싶으니, 학생부장 쌤이 만수를 데리고 가서 반성문을 쓰게 한다. 만수는 이거 대충 쓰다가는 몇 번을 다시 쓰게 될지 모른다는 것을 안다. 한 번에 끝내기 위해 학생부장 쌤이 무엇을 원하는지 머리를 굴리면서 마무리한다.

만수가 교실로 돌아간다. 울화가 치밀지만 그렇다고 교실에서 만만한 찌질이들에게 깽판을 치면 일이 다시 꼬일 게 분명하다. 간신히 마음을 가라앉히고 저녁에 집으로 들어갔다. 이미 엄마는 담임선생님에게 소환통보를 받아 화가 나 있었고, 들어온 만수를 쥐 잡듯 한다.

만수는 생각하면 할수록 화가 치민다. 친구를 무시하고 놀리기까지 한 영호는 나무라지 않고, '이빨' 이야기만 하는 담임쌤, 게다가 교장까지 나서서 자신을 찍어 누르다니… 속상하고 답답하다. 집 밖으로 나가서 동네 선배를 만나 담배도 한 대 얻어 피우고 술도 한잔 걸친다. 그래도 참을 수가 없다. 그래서 만만한 아이들 삥(?)도 뜯고 한판 거하게 걸친다.

그런 사정도 모르고 교장인 나는 학년부에서 감당이 안 되는 건달을 차분하게 만들어 반성문도 제대로 쓰게 하고 잘 해결된 것 같아 흐뭇해한다.

서너 달이 지났다. 만수가 더 큰 건을 터뜨려서 교장실에 끌려왔다. 이번에는 더 호되게 야단을 쳐서 확실히 잡아 놓았다고 생각했는데, 그다음에는 파출소에서 그를 찾아오게 되었다. 그리고 두 달 후에는 학교에서 감당할 수 없는 아이가 된 만수를 결국 자퇴시켰다. 2007년 여름까지 이렇게 자퇴시킨 학생이 무려 5명이 되었다.

그동안 만수와 같은 아이를 보면 정말 이해가 안 됐다. 부모와 이야기를 하고 나면 '애가 이렇게 된 게 다 부모 때문이구나'라는 생각이 들고, 담임선생님으로부터 이야기를 들으면 '이 아이 때문에 전체 반이 망하는구나'라는 생각이 들면서 분노가 치밀어 올랐다. 하지만 5명이나 되는 아이들을 그렇게 학교에서 쫓아내고 나니, 나는 또 다른 회의에 빠지게 되었다.

'도대체 이게 뭐 하는 짓인지?' 내가 어려운 아이들, 힘든 아이들을 깨우치겠다고 학교를 시작했는데… 이건 아니다 싶었다.

4. 교장이 반성하면 아이들은

수진 부끄러운 깨달음이라고 한 말이 이제야 와 닿는다. 그렇게 아이들을 떠나보내면서 얻은 깨달음이었을 테니. 그래도 깨달음을 얻었다고 했으니 뒤의 이야기가 궁금하다. 아직 깨달음에 대한 이야기는 나오지 않고, 무지에 대한 자각만 나온 것 같다.

광필 애초에 내가 그들을 모르니 어떤 방법론적 접근도 무의미하다는 생각이 들었다. 해서 사고 치는 아이들의 입장을 알고 싶었다. 그들의 속 이야기를 듣고 싶었다. 그래서 나는 사고 치는 아이와 차분하게 대화할 계획을 짰다. 내가 낚시꾼이니 사고 치는 아이들을 두 명씩 2박 3일로 충주댐에 있는 수상 좌대로 데려갔다. 물 위에 떠 있는 좌대는 작은 방도 있고 화장실도 딸려 있고 밥도 배로 배달을 해 주기에 낚싯대를 내린 나에겐 천국이다. 하지만 녀석들 입장에서는 2평 조금 안 되는 좌대에서 할 수 있는 게 아무것도 없다. 할 수 있는 것이라곤 그저 나랑 이야기를 나누는 것뿐.

따라서 그곳은 세상에서 가장 훌륭한 대화 장소이며 회담장이다. 그곳에서 우리는 수많은 이야기를 나누었고 나는 내가 궁금했던 그들의 내면을 듣게 되었다.

교장실에 끌려온 만수가 어떤 상황에서 어떤 통박으로 대처하는지를 아주 구체적으로 알게 되었다. 어느 대목에서 눈꼬리를 낮추는지, 반성문을 한 번에 끝낼 궁리를 어떻게 하는지 등등.

이야기를 듣다 보니, 내가 무슨 짓을 했는지 생생하게 알게 되었다. 내가 했던 말들이 아이의 자존심을 짓밟고, 눈치나 보는 쪼잔한 놈으로 만들었다는 것, 속으로는 열 받는데 겉으로만 끄덕끄덕하게 만들었고, 자신을 깊이 돌아보는 반성문이 아니라 항복 문서 따위를 쓰게 만들었다는 것을. 그리고 이제 밖으로 나가서는 그전보다 더 크게 깽판을 칠 수 있는 '동력'을 불어넣었다는 것을.

작은 사건을 점점 큰 판으로 키운 것도 나고, 결국 학교에서 감당할 수 없다고 쫓아낸 것도 바로 나였다. 지금도 그 아이들을 떠올리면 내 크나큰 과오에 울컥해진다. 그것을 깨닫는 데 1년 반 정도 걸린 것 같다. 그러고 나서 보니까 아이들이 달리 보이게 됐다.

'요 대목에선 이놈이 뭘 생각하겠다.' 이런 게 읽히기 시작했다. 이렇게 '만수'를 이해할 수 있게 되니까 어떤 아이가 사고를 쳐도 화가 나지 않았다. 오히려 기회다 싶었다.

수진 나 같은 경우에도 역시 아이 탓, 부모 탓을 자주 했는데 교장 탓이라니. 멋지다. 낚시터란 폐쇄적 공간에서 아이들과 열린 대화를 할 수 있다는 것도 멋지다. 생각해 보면 그들의 이야기를 들으려 하기보단, 내 생각을 말하기 급급했기에 그런 대화를 나눌 수 없었던 것 같다. 그런데 그런 대화를 나눈 후 반성한 교장이 만수를 어떻게 만나는지 궁금하다.

광필 당신의 말대로 이제 반성한 교장이 교장실에서 만수를 만나는 과정을 재구성해 보자.

사실 교장실에서 만수를 어떻게 만나느냐보다 중요한 것은 그동안 교장과 아이의 관계가 어떻게 형성됐느냐이다. 이미 교장이 자신을 이해하는지 안 하는지, 관심 있게 지켜보고 있는지 아닌지를 동물적 감각에 가까운 만수는 본능적으로 알아챈다. 내가 얼마나 훌륭한 말을 하는지는 전혀 상관없다. '이놈들 무슨 사고 치고 다니나' 하고 째려보고 다닐 때 만수는 내 그림자만 봐도 눈 안 마주치려고 옆으로 슬그머니 피했다. 그런데 교장이 자신들을 이해하고, 마음이 통한다고 여길 땐 운동장 반대편 끝에서도 자기가 여기 있다는 걸 알리려고 '티'를 냈다.

마찬가지로 이빨 이야기만 하는 담임선생님하고 한판 붙고 난 상황에서 이제 교장이 부르게 되면 만수는 얼른 교장실로 달려가고 싶어진다.

교장실에서 교장이 "어떻게 된 거야?"라고 말하기만 하면 만수가 1학년 때부터 쌓인 이야기를 쭉 늘어놓는다. 그런 말들을 그저 들어 주기만 하면 된다. 그러면 끝이다. 이때 감정 코칭이나 비폭력 대화법 등 이런 것들이 도움이 되기는 하지만 그리 중요한 것은 아니다.

"이번엔 일이 심각해서 부모님이 학교에 오셔야 해. 그냥 반성문 쓰고 때울 수 없을 것 같아. 부모님 입장에서 굉장히 곤란해하실 것 같다."

이런 말을 나누면서 교장과 만수가 '함께' 부모 걱정을 시작한다.

만수보다 좀 더 심한 칠수라는 아이가 있다. 칠수가 지난번에 좀 더 큰 건을 터트렸다.

"요새 칠수 어떻게 지내니?"

그렇게 이야기하면 교장과 만수는 '함께' 반 분위기에 대해서 걱정하기 시작한다. 만수는 이번에 자기가 좀 정신 차려서 분위기를 바꿔 보겠다고 다짐을 한다.

"3학년인데 이제 고등학교는 어쩌지?"

만수와 교장은 '함께' 만수의 미래에 대해서 고민하기 시작한다. 이제 만수는 비로소 현재의 자신을 천천히 돌아보게 된다. 이렇게 막 나가는 상황에 이르기까지 지난 몇 년을 돌아본다. 그리고 앞으로 어떻게 살아갈지 고민하게 된다. 그러면서 만수는 깨어난다.

*사건은 우연이지만 그것을 성장의 계기로 만드는 것이
교육이다.*

사건이 발생했을 때 대부분의 사람들은 '어떤 방법으로 대처할 것인가'에 집중한다. 그러나 실제 이 사건을 의미 있는 성장의 계기로 만드는 것은 그동안 교장과 아이가 만들어 나갔던 '관계'이다.

또 관계가 형성됐다 해서 아이의 성장을 보장하는 것은 아니다. 그러한 관계를 바탕으로 교사가 마음으로 전하는 공감과 위로, 격려, 자극의 메시지를 통해 아이가 자기 내면의 불안과 두려움, 분노, 슬픔과 마주하게 해야만 한다. 이때 비로소 아이들은 자신의 과거와 현재, 미래에 대해 돌아보게 되고 내면의 힘을 키우게 된다.

나는 그렇게 그 아이들로부터 배웠다.

우리는 특별한 교육을 이야기하는 것이 아니라 '교육이 원래 어떠해야 할까', '선생님이 아이들과 어떻게 만나야 할까', '아이들의 성장이란 도대체 뭘까'라는 것을 고민하는 차원에서 아이들을 고난과 역경에 부딪히도록 하는 것이 교육이라고 생각한다. 그리고 그것을 이겨 내게 하는 것 또한 교육이라고 생각한다. 그

럴 때만이 내면의 힘이 성장한다. 그 힘을 통해서 아이들이 공부
도 하고, 세상과도 만나는 것이라고 생각한다. 그것을 키우는 것
이 학교라고 생각한다.

그들은 반인반수이지만 그들을 어떻게 바라보느냐에
따라 그들은 우리를 적이라 여길 수도, 동지라 여길 수도
있다.

체험활동, 중요한 것은 내면의 힘?

1. 먼저 이우학교의 반성부터

수진 많은 학교에서 창의적 체험활동이 활발해졌다. 아마도 대안학교에서 20년 가까이 열심히 노력한 성과들에 힘입은 바 큰 것 아닐까? 그런데 내 경우에 체험활동을 하면서 아이들이 정말로 성장하는지 잘 모르겠다. 아이들이 뭔가 하는데, 공허하다. 이우학교에서는 뭐가 다른가?

광필 아이들이 체험활동을 많이 하면 삶의 동기가 형성되어 학습도 열심히 하고, 인성도 잘 갖추어질 것이라는 기대가 있다. 한데 이우학교나 다른 대안학교들도, 돌아보면 꼭 그렇지가 않다. 먼저 이우학교의 체험활동에 대한 반성으로 얘기를 시작해 보자.

학교를 처음 시작할 때 의욕적인 구상과 준비를 통해 중학교 과정에 매우 다양한 활동이 설정됐다. 연간 학사일정을 정리한 표가 빼곡할 정도로 수많은 활동들이 이어졌으며, 관심 있는 분들이 좋은 프로그램을 자꾸 제안하면서 활동은 더욱 다채로워졌다. 2003년 개교 때 입학해 중학교 3년 동안 온갖 활동 경험을 쌓은 아이들이 2006년 고1이 되었을 때 모두들 기대가 컸다. 특히 고등학교 1학년 과정에는 이우학교의 여러 활동 중 꽃이라 할수 있는 연극 〈한여름 밤의 꿈〉이나 해외 통합기행이 있다. 동아리나 스터디 그룹들도 젊은 피의 수혈을 기대했다.

그런데 정작 이들 고1들은 매사에 시큰둥했다. 그동안 자신들

은 이미 많은 경험을 쌓았으니, 고등학교의 활동이 새삼스러울 것도 없다는 투였다. 그리고 이제 놀 만큼 놀았으니 공부 좀 해야겠다는 식이었다. 이렇게 고1들이 무기력해지면서 자치활동도 위축됐다.

또 다른 한 장면. 이우중학교에서 입학전형을 하다 보면 공동육아를 거쳐 대안초등학교에 다닌 아이들, 그리고 부모의 의식적 배려 속에서 다양한 체험활동을 한 아이들을 적지 않게 만나게 된다. 이들이 정작 이우학교에 들어와서는 몸으로 하는 활동에 소극적인 경우가 종종 있다. 이우고등학교에서의 활동이 신선하지 않기 때문이다. 또 교과 학습을 잘 따라가지 못하면서 매사 의욕과 자신감을 잃는 아이들도 나타난다. 자기 좋아하는 것만 열심히 하겠다는 소신으로 게임이나 운동에 매달리는 경우도 있다.

그동안의 많은 활동 경험은 그 아이들에게 무슨 의미였을까? 왜 이 아이들에겐 그런 풍부한 경험이 내적인 성장으로 연결되지 못했을까? 물론 이들이 보여 주는 퇴행적인 모습이 성장 과정에서 일시적으로 나타나는 현상일 수도 있지만 보다 냉정한 평가가 필요해 보인다.

학교라는 공간의 특성을 감안해 살펴본다면 위에 든 모습들은 모두 체험과 교과 학습이 균형을 이루지 못할 때 나타나는 현상일 수 있다. 아이들의 자아존중감은 타인의 시선과 연결되어 있다. 위에 예시한 중1 아이들은 바로 그렇기 때문에 일반 초등학교 출신에 비해 학업이 뒤처지자 무기력한 모습으로 지내거나 감각적인 게임과 운동에 빠져든 경우다. 반면 본격적으로 입시의 자장 안에 들어선 고1 아이들은 이우중학교 시절 학습을 소홀히 했다고 여겨 그 반대 편향으로 학습에 강하게 쏠리는 현상을 보였던 것이다. 그나마 이들은 중고 6년 통합과정 속에 있기 때문에 학습에 대한 자신감을 잃지 않은 상태라 다행스럽다 하겠다.

수진 이우학교도 처음부터 잘한 것이 아니고, 반성을 통해 조금씩 진전시켜 간다는 것이 실감난다. 체험활동과 학습의 균형에도 공감이 간다. 내가 가르치는 아이들도 그 줄다리기가 쉽지 않아 보였다. 그런데 체험활동과 지적 작업의 관계는 어떻게 보아야 하나?

광필 이우학교의 시행착오를 통해서도 확인했지만 이미 오래전에 존 듀이가 이론적 기초를 제공했다. 듀이는《경험과 교육》에서 반성적 경험을 통해 얻게 된 지식을 문제 사태에 적용하고 문제를 해결해 가면서, 학습자의 경험은 재구성되고 재조직된다고 보았다. 이 과정에서 학습자는 경험 사태에 대한 새로운 의미와 가

치를 인식하게 된다. 듀이의 이론은 아동의 전인적 성장을 중시하고, 실제 활동과 지적 교과, 하는 것과 아는 것을 이분법적으로 봤던 시각을 극복했다는 점에 그 의의가 있다.

그러면 이우학교의 체험활동은 듀이가 얘기한 대로 지식·사고 교육을 체험활동 속에 아우르는 통합적 관점을 잘 실현하고 있을까?

해외 통합기행은 '해통 방문지의 역사와 문화, 주요 사회적 문제에 대한 학습 → 교류 혹은 봉사 프로그램 계획·준비 → 기행(기행 과정에서 매일 저녁 하루 돌아보기와 다음 날 일정 준비하는 시간 갖기) → 해통 보고서 작성 → 학년 전체 학생 및 교사들

앞에서 발표회 진행'의 흐름으로 진행된다.

인턴십 역시 '희망 진로에 관한 학습 → 인턴십 계획서 작성 → 인턴십 장소와 멘토 섭외(정보 교류) → 실행(인턴십 일지 작성) → 인턴십 보고서 작성 → 학년 전체 학생 및 교사들 앞에서 발표회 진행'의 흐름으로 진행된다.

반면 사회체험의 경우 '이론 학습 → 현장 견학 → 프로젝트 기획'까지는 비교적 잘 이뤄지는 것 같은데, '프로젝트 실행과 후속 작업'이 흐지부지되는 경우가 많다. 주제 기행과 인턴십의 압박 속에서 샌드위치 패티가 된 느낌이랄까?

그럼 주제 기행은 어떤가? 힐링 성격이 강한 주제나 팀원들의 구성이 느슨한 경우 이론 학습이 잘 안 이뤄지는 경우가 많다. 후속 작업 역시 해마다 기복이 있다. 이렇듯 고2 주제 기행이 느슨하게 진행되는 까닭은 교과 학습과 창체 등으로 에너지가 소진된 학생들이 밀도 있는 주제로 기행을 기획하고 추진하기 어려워서 그런 것 같다.[1]

네 가지 사례를 보았다. 해통과 인턴십의 경우 가장 모범적으로 통합적 관점을 실현한 반면 사회체험과 주제 기행은 통합적이지 못한 만큼 한계를 드러냈다. 이 경우 정확한 원인 분석이 필요하다. 각각의 완성도를 높이려는 접근은 오히려 헛수고일 수 있고, 문제는 중학교의 경우와 비슷하게 과도한 활동 탓일 수 있다. 학년별 과제에 맞게 집중할 부분과 덜어 낼 부분을 명확히 해야 한다.

수진 현재 많은 학교에서 다양한 체험활동이 이루어지고 있다. 고입의 자기주도 전형이나 대입의 수시 때문에 더 과열된 경우도 많다. 그동안의 축적된 시행착오를 통해 많은 학교에서 체험활동을 하며 나타날 수 있는 문제를 더 날카롭게 볼 수 있지 않나. 내가 보기에도 문제지만, 미리 한 사람의 이야기를 듣고 싶다.

---

1. 이우학교 회지인 《함께 여는 교육》 2016 여름호 이현영의 '이우고등학교 창의적 체험활동을 진단한다'.

광필 앞에서는 주로 과도한 체험활동의 문제를 살펴보았다. 하지만 우리나라 중고등학교 교육현장에서 흔히 보게 되는 체험활동의 그림자는 목적과 수단이 뒤바뀌었다는 데 있다.

어른들에게 중고등학교 시절 교실 밖 활동으로 익숙한 것은 소풍과 수학여행이다. 삶은 계란과 칠성사이다 맛으로 기억하는 그때의 추억이 지금의 청소년들에게는 낯설 것이다. 요즈음은 빨간 모자 쓴 조교의 통제 아래 진행되는 극기훈련이나 수련회가 유행이다. 학교는 프로그램을 선택하고 오고 가는 인솔 과정을 담당할 뿐, 프로그램의 진행은 거의 전적으로 수련원 측에 맡겨진다. 서로 낯선 관계에서 프로그램을 진행하는 방식은 빨간 모자의 물리적 권위에 의지할 수밖에 없다. 그런데 두려움이 아이들을 길들일 수는 있지만 성장으로 이끌 수는 없다.

한편 수년전부터 봉사활동과 체험활동을 활성화하기 위해 학교생활기록부에 봉사활동과 체험활동을 기록하는 난이 생겼다. 학교에서 이를 해결하기 어려우니 부모가 뛰고, 각종 상업적 캠프가 등장했다. 또 동사무소를 비롯한 관공서에서 2~3시간 편히 일하고 2배의 봉사시간을 인정받는 일이 흔하다. 이웃과 사회를 위한 봉사정신이 길러지는지, 자아정체성을 탐색하는 데 도움이 되는지 따져 보는 일은 대학입시를 위해 생활기록부를 잘 갖추는 일의 뒷전으로 밀려난다.

물론 이런 체험활동조차 없는 것보다는 나을 수 있다. 다들 이런 엉터리 활동에서 고통을 받는 만큼 변화의 노력도 나타난다. 그런데 아이들이 활동을 기획하거나 준비하는 과정 없이 일방적으로 주어진 프로그램대로 움직이는 것은 엄밀히 말해 활동을 '하는' 것이 아니라 활동을 '당하는' 것이며, 결국 아이의 내적인 성장으로 이어질 수 없다.

다음의 설문 결과는 위와 같이 목적과 수단이 뒤바뀐 우리 교

한-미-일-중 청소년이 젊었을 때 꼭 해 두고 싶은 일

한국	일본
• 평생 사귈 친구를 얻고 싶다 • 좋은 결혼 상대를 찾고 싶다 • 돈을 벌고 싶다	• 인간관계를 풍부하게 하고 싶다 • 많은 일을 경험하고 싶다 • 취미생활을 마음껏 하고 싶다
미국	중국
• 장래 도움 될 기술을 익히고 싶다 • 젊었을 때 가능한 모험을 하고 싶다 • 무슨 일도 감당할 수 있는 체력을 만들고 싶다 • 남과 다른 일을 하고 싶다 • 사회를 개선하기 위해 노력하고 싶다 • 지금 하고 있는 공부에 전념하고 싶다	• 인생의 방향을 곰곰이 생각하고 싶다 • 어떤 일에도 낙담하지 않는 근성을 키우고 싶다 • 많은 책을 읽어 내면생활을 풍요롭게 하고 싶다 • 진지한 연애를 하고 싶다 • 외국에 가서 견문을 넓히고 싶다 • 고생을 해서 나를 단련하고 싶다

2006년 일본청소년연구소 조사, 《동아일보》 2007년 4월 6일 자에서 재인용

육 현실의 문제점을 날것 그대로 드러낸다.

네 나라의 청소년들이 자신들의 성장에 대해 어떤 고민을 하고 있는지 잘 드러난다. 특히 우리나라와 다른 세 나라 청소년들의 꿈과 소망은 크게 다르다. 우리나라의 경우 '평생 사귈 친구를 얻고 싶다'는 점에서 의미 있는 지향이라고 할 수는 있지만 자신의 성장보다는 '좋은 결혼 상대'를 찾고 '돈을 벌고 싶다'고 한다. 입시와 경쟁에 내몰려 호연지기浩然之氣를 잃은 우리 청소년들을 지켜보면서 우리 교육은 어디서부터 그 매듭을 풀어야 할까?

이런 현상이 나타나게 된 원인은 다양한 측면에서 살펴볼 수 있겠지만 우리가 주목하는 것은 일차적으로 청소년들이 하는 체험의 폭과 깊이다.

2. 체험활동에서 무엇을 배우나

수진 학생 시절의 차이가 본격적으로 사회에서 활동할 성인 시기에는 얼마나 큰 차이로 나타날까 우려가 된다. 그러면 체험활동을 어떻게 접근해야 할까? 어떻게 하면 다양하고, 깊이 있는 체험을 줄 수 있을까? 내 학생들이 무의미하게 나의 체험활동을 듣고 있는 것을 더 이상 보고 싶지 않다.

광필 앞의 표에 나타난 문제를 어떻게 해결할 것인가? 그 답변은 결코 쉽지 않다. 우리 아이들이 세상을 어떻게 보고 어떤 삶을 살려고 하는지 그 시야의 협소함이 적나라하게 드러났기에 더욱 그렇다. 아이들이 자기 인생을 긴 안목에서 조망하며 주인으로 살아가고, 우물 안 개구리가 되지 않고 넓은 세상을 도전적으로 헤쳐 나가게 하려면 우리는 이들을 어떻게 도와야 할까?

이우학교의 사례를 검토하면서 체험활동의 의미를 정리해 보자. 이우학교 체험활동의 성과는 무엇일까? 우선, 다수 아이들이 그 과정에서 자신을 돌아보고 자기의 정체성을 찾아갔다는 점을 들 수 있다. 이우고등학교 학생들이 학교에서 경험하는 모든 교육활동 중 자신의 성장에 가장 의미 있었다고 하는 해외 통합기행의 경우도 그러하다.

몽골 대초원의 지평선과 푸른 하늘, 쏟아지는 별들, 필리핀의 거대한 쓰레기 산과 그곳에서 끼니를 잇는 사람들, 밀림 속 난민촌의 찢어지게 가난한 삶, 그런 가운데도 해맑은 아이들의 모습, 이런 것들이 아이들의 마음을 흔들어 놓았다. 그 과정에서 아이들에게 특별히 의미 있었던 것은 일찍이 자신들이 만나 보지 못한 순박한 사람들과의 깊은 교감, 가진 것과 행복은 비례하지 않는다는 생생한 경험이었다. 이로 인해 아이들은 욕망의 좌절을 거의 겪어 보지 못한 채 부족함 없이 살아온 자신의 삶, 사소한 불편에 툴툴대던 자신의 삶을 되돌아볼 수 있었다.

둘째, 기획, 조직, 갈등 조정, 행사 진행 등을 비롯한 다양한 실무 능력을 익힐 수 있었다. 그 옛날에는 선비들의 책상물림을 경계했고, 지금은 대학입시, 취직시험, 고시 준비로 공부밖에 할 줄 모르는 공부벌레들을 경계한다. 일을 기획하고, 사람들의 참여를 이끌어 내고, 서로 갈등하거나 이견이 있을 때 이를 조정해 내는 능력은 시험공부로 해결되지 않는다.

이우학교의 경험을 돌아보아도 상당히 긴 시간의 다양한 활동을 거쳐 조금씩 이런 능력이 길러진다. 체육대회나 축제를 학생들 스스로 기획하고 진행하며 평가하는 과정, 수업에서의 협동적인 모둠활동, 다양한 자치활동에서 이견을 조정하고 여러 사람의 뜻과 힘을 모아가는 경험, 그리고 동료들과 조언과 도움을 주고받는 끈끈한 관계의 경험 등이 쌓이면서 가능했다. 여기서 중요한 것은 아이들이 서로 협력적인 관계를 이룰 때 아이들의 기획력, 조직력, 갈등 조정 능력이 쉽게 형성된다는 점이다.

마지막으로, 체험활동의 가장 큰 의미는 '마음의 착한 싹'을 틔우는 것이다. 우리가 일상적으로 만나는 아이들은 자기중심적이고 '빼질이과'에 속한다. 그러나 그것은 아이들 자신보다는 그 아이가 갖고 있는 마음의 착한 싹을 키워 주지 못하고, 친구와 경쟁하게 하고, 자기 혼자 잘나가도록 몰아쳐서 아이 내면의 '어두운 싹'을 키워 준 우리 가정과 학교, 사회에 그 책임이 있다.

그럼, 마음의 착한 싹을 어떻게 틔울 수 있을까? 도덕적인 설교나 훈련으로 이를 틔우기는 어렵다. 훌륭한 인품을 보고 느끼는 벅찬 감동, 남이 어려운 처지에 놓인 것을 보고 느끼는 측은한 마음, 남에게 좋은 일을 하고 느끼는 흐뭇함이 쌓이면서 마음의 착한 싹이 튼실한 줄기와 잎으로 자라는 것이다. 학교현장에서 단 하나의 활동을 하더라도 이 고민을 중심에 놓고 접근해야 그나마 마음의 착한 싹이 조금씩 돋아난다.

구체적인 예를 살펴보자. 중학교 2학년은 질풍노도의 시기이자 대개는 여학생의 발달이 빠른 시기다. 늘 누님 같은 여학생에

게 눌려 지내는 남학생들의 모습이 애처롭다. 그러다가 2박 3일 도보 기행을 떠나서는 남학생들이 힘들어하는 여학생의 배낭을 2~3개씩 들고 뛰면서 서로 균형을 맞추어 간다. 그리고 아이들은 농촌 봉사 기행에서 이혼한 아들의 자식을 키우는 할머니의 고단한 삶을 보며 측은한 마음을 갖는다. 재작년 남한강 홍수 때는 아이들이 자기네끼리 뭉쳐서 휴일에 수해를 복구하러 갔다. 또 뮤지컬 〈한여름 밤의 꿈〉을 공연할 때에는 어떠했나? 학급에서 늘 소극적이던 동료를 주연으로 내세우고 도와주면서 그의 눈부신 변화를 지켜보는 흐뭇함이 있었다. 이 험한 세상에서 마음의 착한 싹은 상당히 긴 시간에 걸쳐 조금씩만 자라난다.

이렇듯 우리 아이들은 체험활동을 통해 자신을 찾고, 남과 함께 일을 해내는 능력을 갖추며 마음의 착한 싹을 틔워 간다.

3. 꿈꿀 수 있는 여백과 일을 저지를 수 있는 장을!

수진 생생한 체험, 책상머리에선 얻을 수 없는 갈등 조정 능력과 협력 능력, 경쟁에 지친 아이들이 키워 나가던 어두운 싹이 아닌 착한 싹을 틔워 주는 일 등 체험활동이 그 정도로 아이의 성장을 돕는다고 생각하진 못했다. 하지만 역시 아이들이 체험활동의 주체가 되어 스스로 성장하도록 돕는 일은 결국 교사가 '보이지 않는 손'이 되어야 한다는 것을 느꼈다. 그러면 아이들이 의미 있는 체험활동을 하도록 도우려면 우리는 어떻게 보이지 않는 손이 될 수 있을까?

광필 기업의 인사 담당자들은 고용 없는 저성장 시대라 새 일자리가 적기도 하려니와 설령 신입사원을 뽑으려 해도 뽑을 20대가 많지 않다는 얘기를 자주 한다. 암기 위주의 주입식 교육에 길들여져 입시 매니저인 엄마의 코치에 따라 대학에 간 20대. 상상력과 창의력이 빈곤하고 스스로 뭔가를 저지를 힘도 모자란 데에다 인내심과 끈기도 약한 이들을 뽑자니, 기업 입장에서는 재교육비가 너무 든다고도 한다. 설령 재교육을 시킨다 하더라도 30대, 40대들과 일손을 맞추기가 쉽지 않다. 수틀린다 싶으면 직장도 쉽게 박차고 나간다.

그러니 자의 반 타의 반으로 만년 고시준비생과 백수가 늘어나게 된다. 30대가 되도록 이도 저도 안 되면 부모가 30대 자식과 그 가족을 부양하는 일까지 발생하게 된다. '돈을 벌고 싶다', '좋은 결혼 상대를 찾고 싶다'며 유치원, 초등학교 시절부터 엄마의 코치를 따라 열심히 뺑뺑이 돌았건만, 그 결과는 이렇듯 개인적으로나 사회적으로 참담하기 그지없다.

청소년은 우리의 미래다. 그렇다면 어떻게 해야 우리 청소년들을 다른 나라의 청소년들처럼 자신의 꿈을 키우고, 그 꿈을 실현하기 위해 자신을 단련하고 도야하게 만들 것인가?

앞에서 살펴보았듯 우선, 청소년들에게 꿈꿀 수 있는 여백을 제공해야 한다. 이들의 머리를 메모리 스틱 하나만 있으면 손쉽게 꺼내 쓸 수 있는 정보들, 입시에 필요한 지식들로 가득 채워선 안 된다. 이들에게 자신의 꿈과 가능성을 탐색하고 세상에 대해 생각하고 느낄 수 있는 기회와 여유를 줘야 한다.

그리고 친구들과 뭔가를 공모하여 저지를 수 있는 장을 만들어 줘야 한다. 축제나 체육대회와 같은 행사를 스스로 꾸려 보게 한다거나, 취미·학술·봉사 동아리를 운영해 보게 하는 것도 좋다. 이 과정에서 힘들어 지치거나 일이 잘 안 풀려 좌절해 보는

것, 친구들과의 갈등으로 속을 끓여 보는 것도 거친 세상을 향
해 도전할 수 있는 힘을 기르는 데 좋은 자양분이다. 다만 신뢰
할 수 있는 교사가 아이들 옆을 든든히 지켜 주고 있을 때 이들
이 안심하고 자란다는 점을 마지막으로 유념하는 게 좋겠다.[2] 그
렇지 않았을 때, 아이들은 자유를 방종이라 착각하곤 한다.

수진 앞의 생활지도에서 선생님과의 관계가 중요하다는 이야기를
했었다. 꿈꿀 수 있는 여백과 저지를 수 있는 장을 주면서도 신

---

2. 정광필 외, 《이우학교 이야기》, 갤리온, 2008, p. 208.

뢰할 수 있는 선생이 되어 도움을 줘야 한다는 점 역시 일맥상통하는 것 같다. 그렇다면 여백을 채워 나간다는 의미는 불확실한 미래를 채워 나갈 아이들이라는 건가.

광필　잘 보았다. 청소년이 우리의 미래이기에, 교육은 미래를 위한 농사라고 볼 수 있다. 그렇기 때문에 교육의 가장 큰 난제는 미래를 도무지 예측할 수 없는 우리의 능력이다. 물론 봉건제 사회에서는 10년 전이나 10년 후나 별반 다르지 않았을 것이다. 하지만 앞으로의 10년 후, 20년 후는… 4차 산업혁명이니 하며 여러 이야기가 나오는 지금, 어떤 이도 미래를 예견할 수 있다고 장담할 수 없다. 따라서 우리가 해야 할 교육은 앞으로 다가올 미래를 예측하며 그 미래에 대응할 수 있는 능력을 길러 주는 것이라기보다는 예측할 수 없는 무언가가 튀어나와도 그것에 대처할 수 있는 능력을 길러 주는 것이 아닐까.

학교 혁신은 누구와?

수진 요즘 연수를 가 보면 학교를 배움의 공동체로 만들어야 한
다든지, 마을 공동체를 복원해야 한다든지 등등 공동체에 대한
얘기가 많이 나온다. 이렇듯 공동체에 대한 이야기를 많이 하는
것에 대해 어떻게 생각하나? 사실 정확히 공동체가 뭔지도 모르
겠다.

광필 공동체에 대한 이야기가 많이 나오게 된 것을 일면 긍정적으
로 해석할 수 있겠다. 공동체가 무너진 것에 대한 위기감과 공동
체를 복원해야 한다는 공감대가 그만큼 폭넓게 형성되었다고 볼
수도 있으니까. 다른 한편으로는 얼마나 공동체를 실현하기가 힘
들어 그런 주장을 할까 안타까운 심정이 들기도 한다. 그런데 구
호나 말만 무성하니, 공동체라는 말뜻이 변형되는 것은 아닌지
다소 걱정스럽다.

수진 《학교가 두렵다》(엄기호) 책이 교사들에게 많이 읽히고 있다는 게 공동체가 무너졌다는 반증인 것 같다. MB 정권 때 교원평가와 그것을 기반으로 한 성과급제가 실시되면서, 그리고 NEIS가 정착되면서 교무실의 분위기가 썰렁해진 곳이 많다. 반면 혁신학교에서는 교사회를 관료제적 조직에서 공동체 조직으로 탈바꿈하려는 움직임이 활발한 것 같다. 그렇지만 혁신학교에서도 공동체를 향한 길은 그리 녹록지 않은 것 같다. 실상 제가 있는 곳은 한마음이 되어 으쌰으쌰 하지도 못하는 것 같기도 하고….

1. 학교 혁신의 비전: 좋은 말만 모아 놓은 것인가

1) 이우는 이우 스타일로

광필 그렇다. 사실 학교가 하나의 방향성을 정하고 그 방향을 함께 나아가는 경우도 그렇게 많지 않다. 그렇기 때문에 학교를 혁신하기 위해 가장 먼저 하는 일이 학교 혁신의 비전을 만드는 일이다. 대부분의 학교에서 비전을 말하지만, 학교 구성원들이 비전에 합의하는 것은 대단히 어려운 과정이다. 학교 구성원의 상당수가 비전에 합의하려면 대체로 몇 년 걸린다.

이우학교도 개교 초창기에 학교의 정체성과 비전을 놓고 구성

원들마다 제각기 다르게 이해하고, 그런 만큼 꽤 시끄러웠다. 학교 설립 과정에서의 가장 큰 혼란은, 이우학교도 풀무학교나 간디학교와 같은 학교가 되어야 하지 않나 하는 것이었다. 이우학교 설립 당시 풀무학교나 간디학교와 같은 학교가 있었고, 이들 학교에서 시사 받은 부분이 있기는 했다. 하지만 우리가 고민했던 학교의 성격은 다소 달랐다. 그래서 몇 차례 논의를 거듭한 끝에, 이우학교는 이우학교만의 성격으로 가야 한다는 결론을 내렸다.

또 2005~2006년에는 공교육 개혁 모델을 제도화하는 것과 맞물려 새로운 문제에 부딪혔다. 당시 교육인적자원부를 중심으로 공영형 혁신학교, 개방형 자율학교 등 공교육 개혁 모델들을 제도화하는 작업이 진행되고 있었다. 그때 나와 이광호 선생(이우학교 교장을 거쳐 현재는 경기도교육청 장학관)이 시안 작업에 적극 참여했는데, 일부 학교 설립자들이 대안학교로서의 정체성도 채 확립하지 못했는데 외부의 여러 일에 결합하는 게 맞느냐를 문제 삼았다. 그 과정에서 매우 격렬한 내분이 있었다. 그것을 수습하고, 이우학교가 더 적극적으로 공교육 개혁의 모델로서 역할을 수행하고 기존의 공립학교들과 적극적으로 연대하자고 합의하는데 한 1~2년이 걸렸다. 지금 돌아보면 이우학교가 그때 내부 일에만 집중하고 있었다면 지금쯤 고사당했을 가능성이 높다. 다른 한편으론 공립의 학교 혁신 모델들이 속속 등장하면서 이우학교는 이제 다음 단계의 고민을 할 수 있는 여유를 가졌다고 봐야 한다.

이렇듯 학교의 비전은 학교의 주객관적 조건과 문제의식이 결합해서 만들어진다. 학교 혁신의 비전과 관련하여 고정된 틀이 있을 수 없다. 100개의 학교가 있으면 100개의 유형이 있을 수 있다. 각각은 자신의 조건과 문제의식에 맞추어 가야 한다.

수진 이우학교는 설립자나 교사들이 모두 비전에 합의하고 시작한 학교라 알고 있었다. 이우학교조차 초창기에 학교의 비전을 둘러

싸고 그렇게 논란이 많았다니, 뜻밖이다. 초창기 학교의 비전을 둘러싸고 의견이 서로 어떻게 달랐는지 좀 더 자세히 이야기해 달라. 내가 참여하지 않은 싸우는 이야기, 듣기 참 좋다ㅎㅎ. 물론 의미도 있을 것이라고 생각한다.

광필 당신은 남들의 문제를 듣는 걸 참 좋아하는 것 같다. 좋은 이야기만 들으려 하는 것보다 훨씬 좋은 태도라고 생각한다. 방 구할 때도 파는 사람이 들려주는 좋은 점만 듣는 것보다 안 좋은 점이 뭔지를 알려고 하는 게 더 중요하지 않나. 나도 삐걱대는 이야기에 조금 더 많은 진실이 숨어 있다고 생각한다. 무슨 일을 해낸 다는 게 사실 아름다운 과정은 아니니까. 어쨌든 질문에 답을 하자면 이우학교는 전교생 420명이 성남시 분당 인근에서 통학하는 학교다. 2003년에 개교했는데 개교 당시부터 학교의 정체성을 놓고 상당한 혼란이 있었다. 이우학교를 흔히들 도시형 대안학교라 불렀는데, 우리가 대안학교를 택한 이유는 약간 복잡했다. 공교육을 바꾸는 하나의 모델을 만들고 싶었고, 거기에 적합한 형식을 찾다 보니까 정규 대안학교(법적 위상은 인성교육을 중시하는 특성화학교)였다. 학교 운영의 자율성이 가장 많은 학교가 흔히 특성화 중학교, 특성화 고등학교라고 일컫는 정규 대안학교였다. 그 형식을 하나의 방편으로 택한 것이다. 그래서 대안학교이기도 하고, 특성화학교이기도 하고, 혁신학교이기도 했다. 여러 가지 성격이 중첩되어 있다 보니까 학교의 정체성을 놓고 구성원들의 이해 방식도 제각각이었고 분란도 꽤 있었다.

"대안학교에서 가치를 내면화하는 일에 주력해야 하는데, 수업이나 학업 쪽을 너무 중시하는 것 아니냐?"
"가치 지향만이 아니라 수업이나 교육과정에서도 대안이 되어야 공교육 개혁에 영감을 줄 수 있다."

"그러다 보면 결국 입시 명문으로 가는 것 아닌가?"
"우리가 지향하는 길은 변두리에서 '당신들의 천국'을 만드는 게 아니다. 주류로 뚫고 들어가 안으로부터 주류 문화를 바꿀, 뜻과 능력을 갖춘 사람을 길러 내는 것이다."

"우리 아이들이 농부도 되고 목수도 될 수 있는 것 아닌가? 왜 사회의 엘리트 쪽으로만 생각하는가?"
"우리의 과제는 '도시에서 공동체적 삶을 일궈 내는 것'이다. 돌이킬 수 없는 도시화된 삶 속에 우리의 가치를 실현하는 것은 상당한 능력을 요구하는 것 아닌가?"

"학교가 지역과 함께 공동체 사업을 벌여야 하는데 선생님들의 관심이 부족한 것 아닌가?"

"우리 역량이 부족하다. 먼저 학교가 자리를 잡고, 이어서 지역사업으로 확대할 수 있다."

나는 그때 최선을 다해 설득하려고 노력했다. 7년 동안 학교 설립을 준비하면서 궁리한 것도 많았고, 석사학위 논문을 '학교 설립 기획안'을 주제로 작성했으니 나름 논리도 있었다. 좋은 뜻으로 모인 관계에서 '어느 입장이 옳은가?' 시시비비를 가리면 된다고 생각하고, 성심성의껏 회의 자리에서, 술자리에서, 기회만 되면 그 이야기를 했다.

당시에는 진심으로 설득하려 했고, 아무런 변화가 없는 ○○ 선생님이 이해되지 않았다. 나의 생각에 대한 확신이 강한 만큼, 그 선생님의 귀가 꽉 막힌 것으로 보였고, 거의 모든 자리에서 나와 부딪히는 그가 미워졌던 것 같다.

오가는 이야기는 선명한 두 입장으로 평행선을 달렸다. 결국 이우학교의 상징과 같은, 특성화 교과를 책임진 ○○ 선생님이 학교를 떠났다. 지금껏 그 빈틈이 메워지지 않아 이우학교는 어려움을 겪고 있는 것 같다.

2) 30%의 양보가 중요하다?

수진 당시를 떠올리니, 선생님 마음이 많이 아프시고 후회가 크신 것 같다. 싸우는 이야기가 재밌을 줄 알았는데, 결론이 슬프다. 그런데 그 과정이 불가피한 것은 아니었을까? 사람이 25살 정도 되면 그때부터 뇌가 굳는다고 한다. 다 큰 어른의 신념을 설득한다는 게 가능한가?

광필 아니다. 이제 돌아보니, 내 책임이 컸다. 이야기를 하자면 좀 길어질 것 같은데, 우리 교육현장이 지난 수십 년 동안 참 힘들었다. 그 과정에서 많은 사람들이 적당히 타협하면서 흔들리고 결국은 소시민으로 살아가게 되었다. 그러다 보니, 그 상황을 견디기 위해 '선비'처럼 일관되게 소신을 지키는 사람들을 높이 샀다. 세월이 흐를수록 소신파들은 더욱 단단해지고, 전투적이게 됐다. 그래서 학교에서 소수파로 산다는 것은 지조 있는 선비의 길에 가까웠다. 나도 그랬다.

그러다 보니 다들 힘들어했다. 분란은 많고, 늘 시끄럽고. 중간에 끼어 있는 사람들은 진이 빠져 점점 이런 자리에 끼고 싶어 하지 않았다. 결국 소수파는 점점 더 다른 이들로부터 멀어져 갔다. 다들 소모적인 '감정노동'에 지쳐 갔다. 사실 학교만이 아니라 뜻있는 사람들이 모여서 뭔가 의미 있는 일을 도모하는 경우에는 상황이 대개 비슷하지 않을까?

교장 직을 떠난 후에야 비로소 나는 이 진실을 깨닫게 되었다. 눈을 감고 곰곰 생각해 보니, 교장 시절 내 표정이 그려진다. 진

지하고, 단호하게 내 생각을 말하는. 새삼 부끄럽다. 2012년 서울 교육청에서 일할 때는 그 일을 반성한 후라, 많은 변화가 있었다.

흔히 딱딱하고 권위적이라 얘기되는 교육청의 간부들과도 '30%는 양보한다'는 마음으로 접근하니, 한결 여유가 생겼다. 표정도 부드럽게 바뀌면서, '당신 이야기도 한번 들어 보자!'는 마음이 우러났다. 전에는 의견이 다른 사람의 발언을 들으면 반박할 논리만 준비하기 급급했는데, 그가 그런 이야기를 하게 된 배경과 맥락, 속뜻을 차분히 묻게 되었다. 내가 귀담아들으려 하는 만큼, 상대의 눈빛과 어조도 누그러졌다. 옆에서 지켜보던 사람들도 한두 마디씩 말을 거들 수 있게 되었다.

학교 컨설팅이나 교사 강의에서 이런 이야기를 들려주면 반응이 의외로 뜨거웠다. 몇 달 후 다시 만난 선생님들이 들려주는 말씀이다.

"회의에서 제각각 자기주장이 늘어질 때 '30% 양보!'를 외치고 나면 험악한 분위기가 누그러지면서 신기하게도 의견이 모아져요."

요즘 교육도 변화의 시기이고, 정치도 그런 것 같다. 다들 멋진 명분과 정연한 논리를 내세우고 있다. 그런데 여전히 나와 의견이 다른 사람들과 타협하는 것을 자신의 지조를 꺾는 것으로 생각하여 한 치의 양보도 허락하지 않는 대쪽 같은 분들이 많은

것 같다. 마치 지난날의 나처럼 말이다. 조직의 문화를 바꾸고 교육을 혁신하기 위해선 '나부터 조금 양보한다'는 마음가짐이 필요하다. 그래야만 상대방의 말을 경청할 수 있고, 여러 사람들의 마음을 모아 결국 뜻한 일을 해낼 수 있다. 민주주의 사회에선 대쪽 같은 선비보다는 처지와 경험, 신념이 다른 사람들의 이야기를 들을 수 있는 허심虛心과 큰 귀를 지닌 '일꾼'이 필요한 것 아닐까?

　　민주주의 사회에선 대쪽 같은 선비보다는 허심과 큰 귀를 지닌 '일꾼'이 필요하다. 내가 생각하는 것이 100이라면 30%는 접는다는 마음으로 임할 때 교사회가 공동체로 거듭날 수 있다.

3) 3년은 꾸준히 해야, 조금 변한다

수진　선생님 말씀을 듣고 보니, 뭔가 잘해 보자고 모였던 교사들의 사이가 왜 뒤틀리는지, 회의를 거듭할수록 열정이 왜 식어 가는지 잘 알 것 같다. 그리고 목소리를 높이기 급급했던 제 모습이 떠올라 속이 뜨끔했다. 이제 학교 혁신을 위한 다른 노하우를 들려 달라.

광필 매년 교육 계획을 세우고 또 뭔가를 새로 시작하게 된다. 그 동안의 경험으로 보면 한 3년은 밀고 가야 학교가 그나마 조금 바뀌는 것 같다. 학급에서야 당장 할 수도 있겠지만, 학교가 바 뀌는 것은 그렇게 쉬운 문제가 아니다. 앞에서 70%의 타협 얘기 도 했지만 뭔가를 합의했으면 한 3년은 해 보고 평가해서 목표 와 방향을 수정하는 게 바람직하다는 생각이다. 수시로 이랬다 저랬다 해 가지고는 되는 일이 없다. 이우학교의 경우도 3년마다 그 줄기를 새로 잡았다.

개교 초기에 이우학교는 기존 학교의 관행들을 깨기 위해서 교과서를 버리고 모든 교재를 직접 만들었다. 그리고 교사 문화 를 새롭게 일구기 위해 인적 구성도 일반 학교와 달리하는 등 여 러 시도를 했다. 3년을 그렇게 하다가 사실 그것조차도 한계에 부딪히면서 2006년도부터는 수업연구를 중점 과제로 설정했다. 사토 마나부의 '배움의 공동체' 철학과 이론을 적극 배워 학교 운영에 반영하려 했다. 수업연구회의 형식을 바꾸고 교사들이 수 업연구에 집중할 수 있도록 문서와 회의도 간소화하고, 수행평가 도 줄였다. 그리고 교과서를 적극적으로 활용하고자 하는 등 여 러 변화를 주게 됐다.

이렇듯 수업을 혁신하면서 엄청난 변화를 가져왔다고 생각했 는데, 3년이 지나 2009년쯤 되니까 수업 역시 타성적인 모습을 보게 됐다. 뭔가 그럴듯하게 보이긴 했지만, 그 속에서 아이들의

성장을 자극하는 부분들이 확인되지 않았다. 선생님들도 현재의 수준에 만족하는 경향을 보였다. 이를 깨기 위한 새로운 시도들을 2009년에 하게 되었다. 수업 속에서 도전적 과제를 제시한다든가, 프로젝트 수업이나 학생 자치활동 등에서 학생들의 익숙한 관행을 뒤흔든다든가 등등.

이렇듯 3년을 주기로 큰 틀을 바꾸고 혁신을 시도했던 것 같다. 중1에서 고3까지 아이의 성장을 지켜보는 그런 긴 호흡 속에서 그에 대한 평가도 가능하지 않을까?

더 나은 교육을 위해 세간에서 좋다고 하는 것들을 도

입하고자 하는 유혹이 있다. 하지만 새로운 교육적 실험을
한 3년은 꾸준히 해야 비로소 변화가 조금 나타난다.

2. 혁신은 누가 하나

수진 3년을 주기로 끈기 있게 밀고 나간다는 말이 인상적이다. 교
장이나 중요한 역할을 하는 교사가 어디서 좋은 걸 들으면 신이
나서 추진하다가 한 1년 지나려고 하면 식어 버리는 경우가 많
다. 학교 구성원들이 비전에 합의했다고 해서 열정을 갖고 비전
을 실현할 주체가 바로 형성되지는 않을 것 같다. 이 문제를 어떻
게 풀어야 할까?

광필 비전 합의 다음으로 중요한 문제가 주체를 어떻게 만들 것이
냐다. 교장, 그리고 교장과 함께할 핵심 그룹이 일차 주체이고, 그
다음에 이분들이 나머지 분들과의 관계를 어떻게 풀어 가느냐가
학교를 교육공동체로 만들 수 있는지 여부를 좌우한다.

1) 교장의 역할: 모든 것은 교장 탓?

우선, 공립학교에서는 교장이 매우 중요하다. 흔히 말하면 인

사와 재정, 그다음에 중요한 결재 라인을 책임지고 있다. 그래서 지난 십여 년 사이 학교 혁신과 관련하여 가장 많이 나온 이야기는 '교장 때문에 못하겠다'는 말이다. 막강한 교장의 권한과 역할 탓이라고 할 수 있다. 그런데 역으로 이런 생각들을 해 봤다. 교장 때문이라고 말하는 순간 나의 책임이 없어져 일을 안 해도 된다. 교장 탓이니까. 하지만 다 교장 탓이라고 떠넘기면 될 문제일까?

여러 교장 선생님들과 많은 얘기들을 나누면서 이런 걸 느꼈다. 교장 입장에서 생각해 보자. 극히 예외적인 경우를 제외하고 모든 교장 선생님은 학교를 개판 치고 싶어 하지 않는다. 좋은 학교를 만들고 싶고, 폼 나게 학교를 혁신하고도 싶은데 그것이 쉽지 않다. 답답하다. 그동안 보고 배운 것이 걸림돌로 작용한다. 대개는 한 30년쯤 되어야 교장을 하게 되는데, 매우 익숙해진 틀과 관행들이 많고, 얽매이는 관계들이 많다. 이 틀을 깨기가 너무 어렵다. 그런 가운데 뭔가를 해 보려고 나름 궁리를 해서 제안을 하는데 선생님들의 반응이 영 뜨악하다. 속으로는 열 받지만 드러내기도 어렵다. 그래서 교장의 의지도 꺾인다.

그러면 선생님 입장에서 뭔가를 바꾸려고 하는 경우는 어떨까? 앞에서 소수파 얘기를 했는데, 예컨대 전교조 분회가 자신이 속한 학급이나 특정 분야를 바꾸기는 그리 어렵지 않다. 그렇지만 그분들이 학교를 바꾸려고 하는 경우는 얘기가 다르다. 분회

에서 아무리 열심히 해도 학교가 잘 변하지 않는다. 열심히 하면 하는 만큼 분란만 커지는 경우도 많다. 그래서 흔히 말하는 교장, 교감파와 전교조 분회 간의 싸움이 시작되어서, 가운데 끼어 있는 이도 저도 아닌 사람들은 점점 학교 일에 마음이 멀어져 가기 십상이고, 점점 더 소수로 몰리기 쉽다.

이 과정에서 어떻게 돌파구를 찾을 것인가? 저는 이분들이 교장 선생님을 도와야 한다고 생각한다. 그럼, 돕는다는 게 뭐냐? 뭔가를 하고자 하는 교장 선생님의 마음에 맞추어 조금은 타협을 해야 한다고 생각한다. 교장 선생님이 교육의 주체로, 혁신의 주체로 나서지 않게 될 경우 그 한계가 너무 크기 때문이다. 교장을 논리적으로 설득하는 것만이 아니라 교장의 마음을 사로잡아야 한다. 그러다 보면 공감대와 신뢰 관계가 형성이 된다.

학교를 바꿔야겠다는 의지가 강한 분들의 경우 교장의 마음을 사로잡아야 한다는 것을 대개 머리로는 안다. 그런데 겉과 속이 다르기 쉽다. 진짜 함께하려는 마음을 먹기가 힘들어 많은 시행착오를 겪게 된다.

학교를 혁신해야겠다는 의지를 지닌 분들은 우선 학교 비전 실현의 구심인 교장과의 관계를 풀어야 한다.

2) 비주류와 만나기: 마음의 착한 싹을 자극한다는 건

수진 선생님 말씀에 공감이 많이 된다. 제 마음을 놓고 봐도 두 마음이 항상 같이 있다. 늘 악한 마음과 착한 마음이 같이 있다. 무엇을 결정할 때, 저는 중요한 순간에 이 꽥꽥이를 잠재우고 착한 마음 쪽에 귀 기울여서 결정하려고 노력하는 편이다. 그래도 가끔씩 영 싸가지 없고 마음에 안 드는 사람을 만날 때 반대쪽이 확 튀어나온다. 이것을 조절하는 것이 늘 어렵다.

광필 그렇다. 학교현장에서 부딪힌다고 할 때 대개는 서로 이런 악한 쪽이 맞부딪치는 것이다. 동물적인 감각으로 우리는 저 사람이 나를 싫어하는지 좋아하는지 바로 안다. 그렇기 때문에 애매하게 노력하는 정도로는 잘 안 된다. 진짜 속을 내놔야 한다. 그래도 이렇게 해내는 사람들이 많이 생겨나고 있어 고무적이다.

한편 요즘 젊은 교장 선생님들도 많아졌다. 그리고 뭘 해 보려고 나에게 상의를 하러 오는 분들도 많은데, 이분들이 답답해하는 것이 있다. 몇몇 혁신학교에서 교사들 중심으로 일을 추진하면서 교장의 권한을 N분의 1로 하자는 얘기가 나왔다. 말하자면 교장을 교사의 대표 개념으로 이해하는 것인데, 그 구조로 성공하기는 어려울 것 같다. 학교의 비전에 기초해서 학교의 각 주체들, 즉 교사, 학부모, 학생의 의견을 조율하고 또 그런 관계들을 촉진하는 역할을 해야 하는데 교장이 단순히 N분의 1의 역할에 머물게 되면 학교 혁신의 비전을 실현하기 어렵다. 교장의 권한이 N분의 1로 축소되면 그런 교장은 교장이 아니라 교무부장에 불과하게 된다.

수진 학교 혁신을 추진하는 교사들의 입장에서 제일 큰 어려움은 교장의 마음을 사로잡기인 것 같다. 그러다 보니 N분의 1로 축소시키자는 이야기도 나오는 게 아닐까? ㅎㅎ 핵심 주체와 나머지 비주류 선생님들과의 관계는 상대적으로 쉬워 보인다. 그런데 뭔가를 좀 하려고 하면 옆에서 늘 봉창 뚫는 분들이 있다. 이분들 얘기를 듣다 보면 은근히 부아가 치민다.

광필 우린 교사니 애들 이야기로 시작해 보겠다. 애들 개판 치는 것을 보면 열 받는다. 사고 친 아이를 만나면 '어떻게 그럴 수가 있느냐?' 이런 얘기를 한다. 이는 본질적으로 같은 문제다. 우리는 그 아이가 왜 저러는지 이해를 못해서 화가 난다. 그런데 이해를 못한 책임이 그 아이한테 있는 것이 아니라, 내내 모범생으로 살아온 우리한테 있다. 저 아이가 왜 저러는지를 도저히 이해할 수 없는 독특한 문화와 생활공간, 인식체계를 우리가 갖고 있다고 봐야 한다. 그걸 뛰어넘지 못해서 그 아이한테 열 받는 것이다. 그러다가 여러 우여곡절을 거쳐 사고 치는 아이들을 이해하게 되면서 그 틀을 조금씩 뛰어넘는 거다.

우리가 동료 선생님들을 보고 화를 내는 이유도 사실은 비슷하다. 이해가 안 되니까 화가 나고, 그래서 열을 받는 것이다. 이해가 안 되는 이유가 바로 우리 내부에 있다. 이것을 뛰어넘기가 참 어렵다. 열 명으로 시작해서 교사의 60~70%까지 마음과 뜻을 모아 내는 과정의 열쇠가 사실은 그렇게 봉창 뚫고 먼 산을 쳐다보는 그 사람들과 어떻게 만나느냐에 달려 있다.

겉으로 사이를 원만하게 만드는 좋은 기법들이 있다. 감정 코칭이나 비폭력 대화법 등등. 그런데 그분들이 왜 저러는지 이해하지 못한다면 절반 이상 실패했다고 보아야 한다. 그분들을 이해하기 위한 노력이 필요하다. 그것은 그분들이 지난 20~30년 동안 교육현장에서 입은 마음의 상처들을 공감해 주고, 그것이 치유될 수 있도록 기다려 주는 과정이라 생각한다.

수진 말썽쟁이 아이들과 봉창 뚫는 선생을 상대하기 위해선, 결국 이해해야 한다니…. 이해한다는 건 결국 그들의 아픔을 느끼고 그들에게 '호감'를 갖게 된다는 이야기가 아닌가. 선생 노릇 참 힘들다. 선생님의 경험을 들어 구체적으로 얘기해 주시면 좋겠다. 이게 가능한가 싶다.

광필 물론 이우학교에도 늘 봉창 뚫는 사람들이 있었다. 모두의 뜻을 모으고 싶으니, 처음 몇 년 동안 이분들에게 많은 공을 들였다. 그런데 지나고 보니 그분들 상태도 나빠졌고, 관계도 나빠졌다. 학교를 떠나고 나서 뒤늦게 깨달은 것은 제가 공을 들였다 했지만, 말로만 그런 척했지, 사실은 미워했다는 것을 알았다. 정말 나도 나를 모른다. 사람은 상대가 무슨 말을 하느냐보다 무슨 마음인지 귀신같이 안다. 그렇게 많은 시간 공을 들였지만 독을 뿌려 댔으니 결과는 뻔하다.

그분들이 늘 뒤에서 봉창을 뚫게 되기까지는 많은 사연이 있었을 것이다. 그동안 교직 생활을 하는 과정에서 많은 상처를 입은 경우도 있고, 가족 관계나 주변 여건이 어려워져 꼬이다 보니

비뚤어진 경우도 있을 것이다. 교장이 자꾸 뭐라 하면 더 방어적이게 된다. 오히려 그냥 놔두고, 준비된 사람들끼리 열심히 하다 보면 그분들도 속으로 고민을 하게 된다. 다른 사람들의 움직임을 지켜보다가 여건이 좋아지면 조금씩 움직이게 된다. 그럴 때 주변에서 조금씩 거들면 된다.

3) 젊은이들에게 칙칙하지 않게 다가가려면

수진 그동안 사고 치는 아이들은 이해하려 노력하면서도 회의 때마다 봉창 뚫는 동료 교사를 이해하려고 노력하지는 않았다. 나름 상처가 많은 교사라고 보면 그분들을 이해할 수 있는 실마리가 생기는 것 같다.

요즘 학교에 20대 후반~30대 초반의 젊은 선생님들이 꽤 있다. 특히 교사들이 부임하길 기피하는 학교는 지원하는 분들이 없어서 젊은 선생님들이 상대적으로 많은 편이다. 문제는 젊은 선생님들이 학교에서 겉돌고 있다는 것이다. 이분들과의 관계를 어떻게 풀어야 할까?

광필 젊은 교사들은 무척 똑똑하고 뭐가 옳은지도 잘 알지만, 학교에서 혁신적인 무언가를 하는 데서는 어정쩡한 태도를 취하는 경우가 많다. '요즘 젊은 애들은 싸가지가 없다'는 등의 여러 말이 나온다. 그렇지만 젊은 교사들의 문제를 조금 다른 각도에서 분석해 볼 필요가 있다.

우선 이들이 어떤 과정을 거쳐서 교사가 되었을지 생각해 보자. 서울에 있는 대학을 기준으로 말하면, 대체로 수능 1등급 이내여야 사대나 교대를 들어온다. 그중 가장 모범생들이 졸업하고 몇 년을 고생해서 임용고시를 통과해 교직에 들어온다. 그동안 고생도 했으니까 방학에는 해외에도 나가야 한다.

그렇게 보면 정말 이 친구들이 학교현장에서 초등학교 5~6학년, 거의 동물에 가까운 중2 애들을 어찌 상대할 수 있을지, 과연 애들이 왜 저러는지를 '이해'할 수 있을지가 걱정된다.

나도 '요즘 젊은이들 왜 저래?' 하면서 이해를 잘 못했던 것 같다. 몇 년 전 서울 어느 초등학교 1박 2일 연수에 특강을 하러 갔다. 강의를 한참 신나게 하는데, 젊은 친구가 등짝에 '시간 관리자'라는 종이를 붙이고 지나간다. 아? 알아들었다. 바로 5분 만에 강의를 마무리하고 질의·응답과 토론으로 넘어갔는데, 이어지는 연수 프로그램이 예사롭지 않았다. 늘 익숙했던 분위기와는 사뭇 다르고, 선생님들의 열의가 뜨거웠다. 끝나고 뒤풀이 자리에서 궁금증을 풀었다. 이번 연수는 신임 교사 5명이 기획부터 진행까지 전 과정을 책임졌다고 한다. 이때 젊은이들의 의욕과 능력을 높이 산 부장들의 지혜를 한 수 배웠다.

소위 7080세대는 매우 엄숙하고, 진지하고, 젊은이들 표현대로 얘기하면 '칙칙'하다. 놀 줄도 별로 모르고, 뒤풀이라고 해 봐야 술밖에 먹을 줄 모른다. 젊은 친구들 입장에서는 재미난 게 정말 많고, 하고 싶은 것이 너무 많다. 노인네들이랑 놀러 다녀 봐야 별 재미가 없다. 그래서 점점 멀어져 간 것이다.

사고 치는 아이들, 무기력한 아이들에게 다가가는 것과 똑같은 방식으로, 봉창 뚫는 선생님들, 학교 혁신에 애매한 태도를 취하는 젊은 선생님들에게 다가가야 한다.

3. 학교 조직은 어떻게?

1) 교사의 업무 다이어트?

수진 사실 내가 한 3년 전만 해도 그런 '젊은 교사'였다. 열심히 뭐 좀 하려고 하다가, 이런 말을 해도 되는지 모르겠지만 꼰대 같은 선생님들 때문에 풀이 죽었던 기억이 난다. 지금은 중간 다리 역할을 할 수 있는 시점이니 가교 역할을 잘 수행해야겠다.

그건 그렇고 학교 구성원들이 학교 혁신의 비전에 합의하고 혁신의 주체도 어느 정도 형성했다면 기존 학교 조직을 안 바꿔도 괜찮을까? 기존 학교 조직이 아이들의 배움과 성장과는 무관하다는 지적이 있다.

광필 맞는 지적이라 생각한다. 오랫동안 우리 사회에서는 모든 것이 중앙 집중적으로 이루어졌다. 학교도 재정과 인사를 중앙에서 관리해 왔다. 현실적으로 말하면 교육지원청과 교육청을 통해서 철저히 장악해 왔다. 그래서 단위 학교에서는 교육청의 눈치만 보게 되어 있다. 업무나 공문이 펑크가 나면 관리자들이 긴장하고, 그것은 모든 선생님들에게, 또 아이들에게 파급된다. 이제 학교현장이 무엇을 중심으로 굴러가고 있는지 반성해야 한다. 아이들의 배움과 성장과는 상관없이 행정상의 편의를 위해 굴러

가는 것은 아닌지 돌아볼 필요가 있다.

제 경험을 말씀드리면 학교 조직을 어떻게 되돌릴 것인지 2004년, 2005년부터 많은 고민을 하기 시작했다. 아이들의 배움을 중심으로 수업을 혁신하고자 수업연구회를 강화하려다 보니, 교사가 엉뚱한 데 힘을 빼앗기고 있다는 반성을 한 게 그 주된 계기였다.

학생의 배움을 중심으로 조직을 재편성하자는 문제의식에서 우리는 다음과 같은 조치를 취했다. 대부분의 선생님은 학년 팀에 배치되어 자신의 수업과 생활지도에 집중하고, 공문이나 업무는 교무팀이 교감 책임하에 전담한다. 학년 팀 선생님들은 아예 손을 뗀다. 몇 년째 그렇게 해 왔는데, 이우학교에서 이렇게 하고 있다고 이런저런 자리에서 이야기했더니, 다른 데서도 그렇게 하는 곳이 생겼다. 특히 안산의 해양중학교에서는 보다 체계적인 방식으로 교무 업무 보조를 훈련시켜 전형을 만들었다. 2010년에는 시흥의 장곡중학교가 한 걸음 더 나아갔다. 지금 경기도는 교무 업무 경감이라는 이름으로 모든 학교에 이를 적용하고 있다.

그런데 교무팀 입장에서는 이게 간단치 않다. 중학교는 성남교육청에서, 고등학교는 도교육청에서 각각 공문과 업무가 내려온다. 보통 한 학교의 두 배나 되는 업무를 다섯 명이 감당했다. 수업 다 하면서 업무를 감당하다 보니, 1년이 지나고 나서 반 이상

후송을 가게 생겼다. 그리고 학교의 오랜 관행상 수업 시수에 차이가 나면 난리가 난다. 그런데 그렇게 해서는 사람 잡을 판이다. 그래서 교무팀 선생님의 수업 시수를 확 줄여주고, 학년 팀 선생님들이 수업을 더 맡았다. 그리고 2년마다 업무를 교대해 주고 있다.

근래는 교육청에서 한 술 더 떠서 교무 업무 보조 인건비를 지원해 주고 있다. 이 제도는 오래전부터 시작했는데 실상을 보면 대부분 그냥 복사, 전달 등과 같은 잡무를 맡기고 있다. 그런데 교무 업무 보조를 뽑으면 우수한 사람들이 온다. 대학을 졸업하고 나서도 취업이 힘드니까. 그 우수한 인력들이 단순 노동을 하고 있다. 이분들이 공문 처리 전문가인 교감 선생님 밑에서 배우면 3개월 이내에 공문 처리하는 법을 배울 수 있다.

문제의 핵심은 각 학년 팀별로 무엇이 진행되고 있는지를 교무팀에서 얼마나 잘 종합하느냐는 건데, 기본 틀만 주어지고 전달만 잘된다면 공문을 작성하는 건 그리 어렵지 않다. 그리고 이 사람 저 사람 나눠서 하다 보면 빠지는 부분이 많은데, 모아서 하다 보면 그런 일도 없다. 지금 경기도만 그러는 게 아니라 여러 교육청에서 이런 방식을 권하고 있다. 빨리 바뀌어야 한다. 학교가 본래 무엇을 하는 곳인지 분명히 할 필요가 있다.

2) 학교 안에 여섯 개의 작은 학교가?

수진 맞다. 내가 선생이 된 이유가 서류 만지려는 건 아니었는데. 당신의 이야기는 결국 교사 조직의 개편을 이야기하고 있다. 그렇게 교사 조직을 개편해서 아이들의 성장을 도모하자는 것인데, 그 방향성은 어떤가?

광필 그렇다. 선생들 모두 서류나 만지려고 교사가 된 게 아니다. 따라서 교사들의 조직을 교사들의 열정과 전문성을 살릴 수 있는 방향으로 개편해야 한다. 이우학교는 이를 위해 교사들의 자율성을 보장하고 교사들이 서로 배우고 협력하는 관계망을 형성하도록 도왔다.

우선 학교를 6개의 학년 팀과 이를 지원하는 부서로 구성해 각 학년 팀에 학년의 교육활동에 관한 권한을 상당 부분 위임했다. 각 학년 팀은 토요전일제 수업, 자기탐구과제 등 교육과정을 직접 기획하고 진행했다. 그리고 농촌봉사활동, 통합기행 등 다양한 활동을 주관한다. 교복, 두발, 생활지도와 관련된 대부분의 권한을 학년 팀에 위임하고, 학년 학생회 활동에 대한 지원도 학년 팀에 맡겼다.

중등에서는 행정업무 중심의 업무 분장과 교과별 업무 분장이 교육 혁신의 큰 걸림돌이다. 우리는 학년 팀을 기본 조직으로 삼

고 교과협의회는 필요할 때만 열리는 보조 조직으로 바꾸었다. 수업연구회도 학년 단위로 열어 학년 아이들의 배움과 성장을 깊이 있게 협의했다.

이렇듯 학년 팀을 아이들의 성장을 책임지는 단위를 만들었더니, 학년 팀 선생님들이 집단적으로 성장할 수 있었다. 그렇게 되면 학년 아이들도 같이 성장한다. 학부모들도 함께 큰다. 중1 부모들은 중1 부모같이 행동하고, 고1 부모는 고1 부모같이 행동한다. 그리고 서로 어려움을 나누고 도움을 주면서, 또 사고 친 아이들을 함께 추스르면서 같이 크는 것 같다.

선생님들의 변화도 학년 팀이 좌우한다. 가끔씩 이우에서 궁합이 맞지 않는 학년 팀이 있다. 그 바람에 일 년을 고생한다. 그래서 다음번엔 학년 팀을 어떻게 조직해야 할까, 인사위에서 온갖 이야기들이 나온다. 그렇게 실패했던 경험조차도 전체적으로 공유하게 되면 굉장히 풍부한 이야깃거리가 된다. 어떻게 보면 어떤 선생님이 내내 성공하는 학년 팀에만 있었다면 그 선생님은 제대로 성장하지 못할지도 모른다.

아이들의 성장을 책임지는 학년 팀과 이를 지원하는 부서로 학교 조직을 바꿔라. 그러면 교무실이 살아난다.

3) 교장, 교감은 뭘 하나

학년 팀은 그것이 하나의 철옹성이 될 수도 있다. 혹은 학년 팀 차원에서 감당하기 힘든 일을 스스로 책임지려 붙들고 있다가 정작 집중해야 할 학년 학생들과의 결합이 힘에 부칠 수도 있다.

"학년 팀 내에서 선생님들 간에 생활지도나 교육적 관점의 차이로 주요 사안마다 부딪치지만 팀 내에서 해결이 되지 않아 제각각 다른 방식으로 아이들을 만난다."

"팀 내에서 학년의 주요 과제가 해결되지 않아 어려운 처지에 놓였지만 팀 차원에서는 심각하게 다루지 않고 넘어간다. 주요 과제에 대한 외부의 문제 제기는 팀의 자율적 운영에 대한 부담으로 간주된다."

위와 같은 경우 일차적으로는 학년 팀장의 주도하에 학년 팀 내에서 문제를 진단하고 함께 해결책을 찾아가야 한다. 그러나 그것이 벽에 부딪치거나 역부족일 때 교장, 교감에게 도움을 요청했으면 한다. 내부의 요청만 기다릴 게 아니라 사안에 따라서는 교장, 교감이 팀을 찾아가야 한다.

그동안 교장, 교감이 대외 업무나 행정 업무 등을 탓하며 학년 팀장과의 결합을 강화하지 못하는 경우가 많았다. 게다가 업무 분장을 결정하는 인사위원회에서 각 학년 팀을 구성할 때 그 조건을 정확히 파악하지 못하여 선생님들을 어려운 조건에서 1년 동안 고생만 시킨 경우도 있었다. 다른 한편 문제가 드러났을 때 교장이 분명한 입장을 보이거나 대응을 하지 않고 자신의 책임을 회피한 채 온정적으로 접근해서 문제 해결을 어렵게 만들기도 했다. 위와 같은 징후의 가장 큰 책임은 교장의 리더십이 발휘되지 못한 데 있다.

학교 운영의 뼈대를 책임진 학년 팀장들이 제 역할을 할 수 있도록 교장, 교감이 다양한 방법으로 도와야 한다. 그동안 대표자 회의가 일정 공지, 업무 연락·점검 중심의 행정적 업무에 치우쳐 교육적 접근을 하지 못한 경우도 있었다. 이제 행정적인 업무를 수행하는 태도와 능력도 자리를 잡아 가고 있으면 전자결재를 통한 해결책도 있다. 대표자회의와 팀장회의에서 교육적 현안을 중점적으로 검토하여 학년 팀장들이 교육적 리더십을 갖도록 도와야 한다.

이렇게 학년 팀 단위의 성공적인 교육활동 경험을 통해서 교사와 학생, 학부모가 모두 함께 성장하는 구조를 만들어야 한다.

4. 모든 교사가 훌륭하면 될까?

수진 학년 팀 단위로 움직이면 교사도, 학부모도 집단적으로 성장할 수 있다는 게 마법 같다. 아마 그 이전에 다루었던 만수 이야기 등도 학년 팀의 집단적 성장의 예가 아닐까 싶다. 그리고 실패했던 경험을 통해 선생이 성장한다는 것도 와 닿는다. 내가 지금까지 실패했던 수많은 경험들도 결국 내가 좋은 선생이 될 수 있는 거름과 같은 것이라 생각하니 마음이 놓인다. 어쨌든 어떻게 학교가 조직되어야 하는지 하고 싶은 이야기를 다 하신 것 같으니, 마지막으로 학교 혁신을 추진하는 이들에게 당부하고 싶은 말씀을 들려 달라.

광필 모든 실패는 사실 성장의 원동력이다. 그렇기 때문에 더더욱 그 실패가 집단적으로 공유되어야 하고, 더 많이 거론될 수 있어야 한다. 그건 먼 미래에도 마찬가지이다. 미래가 어떻게 변화한다 하더라도, 사람이 성장하는 원리가 변하진 않을 테니. 그렇기 때문에 미래의 학교 조직도 뭔가 거창하게 변화할 필요는 없다. 그저 아이들의 성장에 초점을 맞추면 그만이다.

그런 맥락에서 마지막으로 얘기하고 싶은 것은 모든 선생님이 훌륭하면 안 된다는 점이다. 제가 학교를 떠나고 난 후에 깨달은 것인데, 그래서 늘 아쉬운 부분이기도 하다.

애들에게는 다양한 선생님이 필요하다. 못된 선생님, 독한 선생님, 개기는 선생님이 꼭 필요하다. 그래야 학교가 온실이 안 되고 적당한 비바람이 들이치게 된다. 이런 조건에서 아이들의 성장판이 골고루 자극된다.

또, 이분들이 학교가 추진하는 사업과 방향에 대해 다양한 검증 역할을 한다. 뒤에서 봉창 뚫는 사람이 없을 때, 교장이나 추진 주역들이 꼭 오버하게 되어 있다. 사람 수준이라는 것이 뻔해서 결국 건방을 떨고, 막 밀고 나가다 보면 사고를 치기 마련인데, 이분들이 적절한 제동장치 역할을 하는 것이다.

이분들을 미워하지 않고, 그냥 놔두고, 우리끼리 열심히 하다 보면 봉창 뚫는 사람이 사라지게 된다. 그럴 때는 반드시 새롭게 봉창 뚫을 사람을 스카우트해야 한다. 조직의 건강을 위하여!

수진 저번에 아이들이 맥을 못 추면 붕어 양식장에 쏘가리를 풀

듯, 말썽쟁이 아이들을 데려와야 한다는 이야길 들었다. 그런 것처럼 못된 선생이 필요하다는 맥락으로 이해가 된다. 생각해 보면 그런 선생님들이 있기에 그들을 설득하기 위해서 내 내면을 더 들여다보고, 타인을 더 들여다보게 되는 것 같다. 그런 과정이 성장 아닐까 싶기도 하고. 단순히 조직의 건강만은 아닌 것 같다.

광필 그렇다. 성장이란 본디 삐거덕대는 것 아닐까. 어떤 조직도 사람과 같이 성장하기 위해선 삐거덕대야 한다. 그런 의미에서 이 글을 읽는 많은 사람들이 수없이 삐거덕대기를 기원한다!

2부

교육의 미래를 묻다

조금 먼저 시작한 교육의 미래?

1. '바람의 학교' 아이들은 어떻게 깨어날까

수진 처음으로 교육 다큐멘터리의 전면에 나서게 된 것이 아닌가.
방송매체 자체에 대한 두려움과 실제 교육보다 더 짧은 기간일
수밖에 없는 현실에 대한 두려움이 있었을 것 같다. 어떤 마음으
로 바람의 학교를 시작하게 되었는가.

광필 처음에 교육 다큐멘터리를 찍자고 했을 때 무척 망설였다. 교
육의 힘으로 아이들이 변해 가는 과정을 보여 주겠다는 계획이
야심차지만 무모하다고 봤다. 한 달 만에 아이들이 바뀔 수 있을
까? 그리고 예능 프로그램에 익숙한 시청자들에게 이 치열한 과
정이 오락처럼 보이지 않을까도 걱정이었다. 〈무한도전〉이나 〈삼
시세끼〉도 아닌데, 일요일 밤 몇 차례 방영한다고 교육을 흔드는

효과가 있을까 회의도 들었다. 고민 끝에 주변의 조언을 구했더
니, 다들 긍정적인 반응이었다. 그래서 우여곡절 끝에 교사 네 명
을 모았다. 첫 만남에서 네 가지를 결의했다. 우선 비주얼보다는
아이들 내면의 힘을 키우는 데 집중하자. 여느 학교에서나 가능
한 방식으로 접근하자. 그리고 미래의 학교를 보여 주자. 준비하
는 우리는 재미있게, 서로의 성장을 자극하며!

수진 미래의 학교를 보여 주고 싶었고 준비를 재미있게 하고 싶었
다는데, 실제로 준비는 재미있었나? 구체적으로 어떤 텍스트를
가지고 수업하려 했었나?

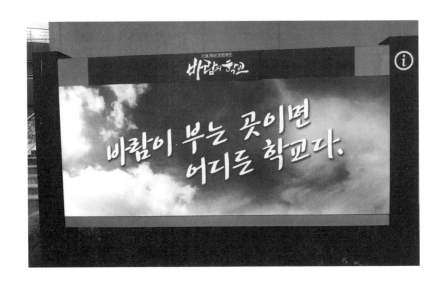

광필 연구실도 마련해서 함께 석 달을 준비했다. 처음에는 학교 이름을 뭐라 지을까 고민했다. 한라산 중턱에서 시작하니, '태풍의 학교'가 어떨까 싶었는데, 아이들의 간절한 바람, 낡은 것을 쓸어 가는 바람의 의미를 살려서 '바람의 학교'라 짓고는 모두들 흐뭇해했다. 그다음 아이들을 어떻게 깨울까 본격적으로 고민하기 시작됐다. 다양한 활동을 함과 동시에 그리스 비극《오이디푸스왕》을 깊이 있게 읽으면서 '그동안 회피해 왔던 나의 진실은 무엇인가', '주류적 가치만을 추구하던 삶에서 벗어나 새로운 삶을 어떻게 상상할까' 등 아이들의 반성적 사유와 상상력도 북돋우려 고심했다. 3D 프린터를 이용한 만들기를 해 보면서 우리 곁에 슬며시 다가온 미래를 느끼게 해 보고 싶었다. 진도가 잘 나가면 제주의 사회적 기업들과 함께 프로젝트도 벌여 보려 했다.

수진 내가 교사여서 그런지, 이 대목에서 꼭 이런 질문을 하게 된다. '생각처럼' 준비한 것들이 잘됐나?

광필 그런데 막상 아이들의 면면을 보고는 몹시 당황스러웠다. 많은 아이들이 학교에서 잠들어 있거나 무기력한 상태로 지낸다. 왜 그럴까? 낮 시간에 늘 잠들어 있는 호준이는 중학교 때 학원을 억지로 다녀야 했다. 원하지 않는 일들이 반복되자, '나는 원래 그래'라며 모든 것을 놓아 버렸다. 수업이 재미없다며 자주 투덜대는 일이는 한겨울 자신을 업고 두만강을 건넌 엄마를 생각하면 무엇이든 열심히 하고 싶다. 그런데 학습 결손이 워낙 심해 뭔가 시도를 해 보지만 곧 좌절하고 만다. 그러고는 당장의 재미만 좇는 일에 빠져든다. 활력이 넘쳐 온갖 사건을 벌이는 혜림이는 늘 외부 요인을 탓한다. 어려운 가정환경, 학교에서 먼 집, 밤새 놀아 주는 친구들, 자신만 야단치는 선생님 등. 매사 남을 탓하니, 자신이 노력할 일도, 변화할 필요도 없다.

이렇듯 수업 시간에 잠만 자는 아이가 여럿인 데다, 몇 년 사이에 유일하게 읽은 책이 이번에 나누어 준 《오이디푸스왕》인 아이들도 있으니, 정말 수업하기 쉽지 않은 구성이었다. 첫날부터 음주, 흡연, 욕설 금지 등의 규칙에 대한 반발로 입학식이 지연되거나 아이들끼리 대판 싸워 살벌한 분위기가 조성된 적도 있었다. 결국 우리는 준비한 것을 대폭 걷어 내고 프로젝트와 연극을 중심으로 교육과정을 재구성했다.

수진 요즘 힙합 좋아하는 애들이 하는 말이 있다. "역시는 역시"라

고 ㅋㅋ.

처음 다큐멘터리 제목이 '꼴통'이었으니 무슨 말을 더하겠는가.
그렇다면 어떻게 교육과정을 재구성하고, 이끌어 나갔는지가 궁
금해진다. 지금까지 당신이 이우학교에서 보여 온 위기관리 능력
이 또 통했나?

광필 결론부터 말하면 이우학교와 비교했을 때 절반의 성공이었
다. 왜 그랬을지는 아마도 한 달밖에 주어지지 않은 시간, 그리고
여러 제반 여건들이 받쳐 주지 않았기 때문이라고 생각할 수도
있다. 그렇지만 내가 상상한 미래의 학교가 첫 시도였기 때문이

라는 생각도 든다. 어떻든 '절반의 성공'에 대해서 먼저 이야기해 보고 싶다.

그토록 난리를 치거나 무기력했던 아이들이 막판에 깨어나기 시작했는데, 그게 어떻게 가능했을까? 아이들이 깨어나는 데는 다음과 같은 요인들이 복합적으로 작용했다고 볼 수 있다.

하나, 활동의 비중이 높은 교육과정. '가시리를 부탁해'나 '제주 바다를 부탁해' 등의 프로젝트와 제주 고등학생들 앞에서 연극을 공연하는 등의 다양한 활동이 아이들을 깨우는 중요한 계기가 되었다. 아이들은 이런 활동을 통해 자신이 뭘 좋아하는지, 그리고 뭘 잘하는지 알 수 있었고 사람들로부터 인정을 받기도 했다.

또 그것과 연관된 진로를 탐색하면서 미래에 대한 희망을 품기 시작했다. 음악을 좋아하던 도영이나 패션모델 지망생 유진의 경우 때를 만났으니 활기를 찾은 것은 당연하다. 그런데 다른 아이들의 변화에는 의외의 요소가 있었다. 늘 컴퓨터게임에서 벗어나지 못했던 종성이는 연극 조명을 책임지면서 주눅 들었던 얼굴이 펴지기 시작했다. 이불 깔고 교실에서 잠만 자던 주열이는 카메라맨으로서 주목을 받았는데, '청년장사꾼'과 '총각네 야채가게' 이야기를 듣고는 장사꾼이 될 궁리를 하고 있다. 소년교도소에서 출소한 제영이는 연극의 주인공 역을 맡아 열연한 후 무대

에서 많은 박수갈채를 받았다. 이렇게 자신감을 얻은 제영이는 집으로 돌아가서 인터넷 화장품 쇼핑몰을 만들어 열심히 사업 중이다. 물론 앞으로 실패와 좌절이 기다리고 있겠지만 용기를 내서 도전할 힘을 얻었으리라.

둘, 학생자치. 밤낮으로 함께 생활하다 보니, 아이들은 숨을 곳이 없이 서로 부딪혔다. 그리고 과제가 계속 주어졌다. 이렇듯 예전과는 사뭇 다른 상황 속에서 하루도 조용히 넘어간 날이 없었다. 매일 밤 사범대생으로 구성된 멘토들이 기숙사에서 아이들과 씨름하는 동안 교사들은 자정이 넘도록 대책회의를 하며 아이들을 어떻게 깨울까 고민했다. 이런 교사의 노고가 바탕이 되었겠지만 중요한 순간에 힘을 발휘한 것은 아이들의 자치회의였다. 갈등 상황에서 아이들은 함께 규율을 만들고, 덜 힘든 아이들이 더 힘든 아이들을 챙겼다. 정말 손을 쓸 수 없을 것만 같던 아이들의 경우도 친구들의 집요한 설득과 조언이 먹혔다.

셋, 인문학 수업. 아이들이 다양한 활동과 자치를 통해 깨어나기 시작했지만 아이들 내면에는 여전히 안 좋은 성향이나 습관이 성장의 걸림돌로 자리 잡고 있었다. 이를 넘을 수 있도록 도와준 게 인문학 수업이다. 아이들은 《오이디푸스 왕》을 천천히 읽으면서 함께 슬퍼하고 분노했다. 그리고 오이디푸스에게 감정

이입이 되면서 자신의 문제와 연결해 고민하기 시작했다. 나중엔 이걸 텍스트로 정한 이유에 대해 '자기가 누군지 알아야 나중에 꿈을 찾을 수 있지 않냐', '자기정체성을 생각해 보라는 것 같다' 고 했다. 이후 프로젝트나 연극을 하면서 교사들은 텍스트가 던진 문제의식을 끈질기게 환기시켰다. 그래서 4주 차 집중 면담 과정에서 교사들이 자신에게 던진 쓴소리를 감당하고, 자신의 문제를 마주할 수 있었다. 고통스러운 진실을 외면하지 않았던 오이디푸스의 용기를 아이들이 본받은 것이다.

넷, 교사와 학생 간 신뢰. 아마도 이 부분이 가장 중요하다고

보아야 한다. 이것 없이 다른 요인들이 힘을 쓰기는 어렵다. 그런데 역으로는 꼰대와 보모 사이에서 늘 갈팡질팡하는 존재가 바로 교사다. 기존에 접해 보지 않았던, 그래서 '도저히 이해할 수 없는' 아이들의 작태 앞에서 교사는 분노를 제어하기 쉽지 않았다. 그러다가 아이들이 많은 사고를 치면서 교사들도 권위를 내세워 봤자 소용없다는 것을 깨닫기 시작했다. 아직 신뢰가 형성되지 않은 상태에서 아이들의 문제를 지적하는 것은 무의미한 잔소리라는 것을 체득했기 때문이다.

다양한 사연을 함께 엮어 가면서 교사의 진심이 아이들에게 조금씩 전달되기 시작했다. 무엇보다 아이들이 지각과 결석, 흡연, 싸움 등등의 문제를 스스로 해결할 때까지 기다려 주자, 아이들은 교사에 대한 불신과 적의를 거두었다. 프로젝트와 연극 등 주요 과업을 성공적으로 마친 4주째가 되자, 아이들은 자존감이 높아지고 미래에 대한 희망을 품기 시작했다. 이와 함께 교사에 대한 신뢰도 높아졌다. 우리는 이때야말로 교사의 권위를 발휘할 수 있는 최적기라 판단했다. 그래서 아이 한 명 한 명에게 그의 성장에 꼭 필요한 따끔한 소리를 했고, 아이들도 용기를 내서 그것을 직시했다. 그날 아이들이 쏟아 낸 눈물을 평생 잊지 못하리라. 그렇게 그날 이전과 이후는 다른 날들이 되었다.

수진 "그날 이전과 이후는 다른 날들이 되었다"는 말을 할 수 있을 정도면 '절반의 성공'을 뛰어넘은 것이 아닌가? 기존의 학교에선 소외되었던 활동 중심의 커리큘럼으로 아이들의 자존감을 일깨워 준 것. 학생자치를 통해 어떤 조직에서나 존재하는 갈등 상황을 해결할 수 있는 갈등 조정 능력과 상대적으로 힘든 아이들을 끌고 가게 하는 연대감을 길러 준 것. 오이디푸스란 인문학 텍스트를 통해 자기정체성에 대한 진지한 고민을 하게 해 준 것. 지금껏 교사와 형성하지 못했던 신뢰관계를 형성하게 해 '믿을 수 있는 어른'이 되어 준 것. 이 모든 것들은 사실 현재의 학교에서는 이루지 못한 성과들이 아닌가? 무엇이 당신의 마음에 불만의 씨앗이 발아하게 한 것인지 궁금하다.

광필 당신이 짚어 준 것처럼 아이들을 흔들어 깨우긴 했지만 배움에 대한 열정까지 불러일으키진 못한 것 같아 아쉽고 미안하다. 이제 그것은 돌아간 뒤의 학교와 아이들 자신의 몫이다. 바람의학교의 마지막 부분에 나오듯이 바람의 학교 마지막 순간엔 깨어났지만, 학교로 돌아간 학생 중 대부분은 다시 예전의 모습으로 돌아간다. 또다시 적응하지 못하는 것이다. 그건 바람의 학교가 아이들에게 심어 준 싹이 그렇게 알차진 못하다는 의미가 아닐까.

수진 그렇게 비관적으로만 바라볼 필요는 없을 것 같다. 당신이 생각하는 미래의 학교가 빨리 도입되어야 하는 최고의 이유가 될 수도 있지 않을까? 지금의 학교는 절대 아이들의 미래가 될 수 없다는 걸 보여 주는 것 아닐까?

광필 그렇게 봐 주니 고맙다. 그렇지만 작금의 현실에서 새로운 시도가 될 미래의 학교들은 '전환학교'의 형태일 수밖에 없다. 그건 길어 봤자 1년의 시간이 주어진다는 소리다. 그 후엔 다시 원래 다니던 학교로 돌아가야 한다. 그렇게 돌아가서도 짧게는 한 달, 길게는 1년 동안 기른 자신의 싹을 틔워 내고자 힘껏 나아갈 수 있는 힘을 길러 줘야'만' 한다.

2. '50+인생학교', 배움의 새로운 모델에 도전?

서연 맞벌이를 하며 아이들을 키우다가, 아이들도 독립하고 퇴직도 하게 됐다. 그러다 보니 앞으로 어떻게 살아야 하나 막막하다. 뭔가 주변의 관계들도 묘해지고, 무엇을 해야 하는지도 모르겠고. 그래서 뭔가 배워야겠다는 막연한 생각이 든다. 그런데 지금껏 배움이란 게 어렸을 때 달달 외우고, 회사에서 시키는 연수 듣고, 뭐 그런 배움이 아닌 새로운 배움은 없나?

광필　오늘 여러 이야기가 있겠지만, 50+세대가 배움에 어떻게 도전하는지 이야기해 보자. 서울 50+재단에는 50+인생학교만 있는 것이 아니라 서부, 중부 캠퍼스에서 벌써 2만여 명이 참여했다. 그렇게 생각하면 꽤 많은 인원들이 지난 2년의 시간 동안 함께 했다. 앞으로의 이야기는 배움이란 키워드를 중심으로 풀어가 보겠다. 특히 50+인생학교의 배움을 집중적으로 이야기해 볼 생각이다. 이론적인 이야기보다는 '어떤 시행착오가 있었는지'와 같은 구체적인 이야기들을 조금이라도 더 깊이 다뤄 볼 생각이다(사진은 50+ 중부 캠퍼스 50+인생학교 1기 졸업식 사진).

1) 교육당하지 말자?

서연 좋다. 솔직히 설렘 반 걱정 반이다. 또 뭔가 그럴듯하면서 그
저 그런 배움이면 어쩌나 걱정이다. 들으면서 고개만 끄덕이다가
집에 가면 까먹는 그런 배움이 아니었으면 한다. 다음 사진은
뭔가?

광필 평범한 사진으로 보이는가? 여섯 개의 그룹이 활동하고 있는
모습이다. 아, 저기 서 있는 사람. 제 뒷모습도 보인다. 그런데 굳
이 이 사진으로 시작한 이유가 있다. 각 그룹의 참여자 분들의

시선이 보이는가? 각 그룹마다 누군가가 이야기하고 있다. 그 사람을 나머지 사람들이 '집중'해서 바라보고 있다. 저는 이 부분이 중요하다고 생각한다. 누군가가 강의하고, 혼자 이야기할 때 이런 정도의 시선 집중이 잘 이루어지지 않는다. 50+세대를 놓고 생각해 봐도 남이 하는 이야기가 잘 안 들린다. 자기가 하고 싶은 이야기가 참 많다. 뭘 배운다고 할 때, 그동안 우리가 배운 게 너무나 많으니까.

새로운 삶을 살아 내기 위해서는 그동안 배운 걸 내려놓고 변화해야 한다. 그런데 변화하기 위해서는 자기 이야기를 꺼내야 하고, 그 이야기에 다른 사람들이 다들 집중해 줘야 한다. 내 안의 나를 만나고, 그로부터 타인을 만나는 과정. 그런 것들이 중요하다.

인생학교를 하면서 가장 고민했던 것은 '워크숍' 형태이다. 자기 이야기를 하게 하는 것. 자신의 삶을 이야기하게 하는 것. 거기에 집중하고자 했다.

서연 저리 평범해 보이는 사진에 그런 의미들이 숨어 있는지 몰랐다. 또 배우려면 그전의 배움을 내려놓아야 한다는 것. 그리고 내 안의 나를 만나고, 타인을 만나야 한다는 것이 인상적이다. 그런데 그런 과정들이 어떻게 이루어지는가? 아직은 손에 잡히지 않는 느낌이다.

회	날짜	소요 시간	프로그램 내용	
1	9. 7(목)	2H	입학실 & OT: 50+의 도전, 계획(워크숍)	
		2H	구성원, 톺아보기(워크숍)	
2	9. 16(목)	4H	자아 탐색	[1편] 어린 시절 놀이 본능과 야성 찾기
3	9. 21(목)	4H		[2편] 예술로 풀어 보는 Story method 1 · 2
4	9. 28(목)	4H		
5·6	10. 14~15.	1박 2일		[3편] Dragon虎 탑승하기
7	10. 19(목)	1H	[만남] 의미 있는 선구자들-인생학교 커뮤니티와 만남	
		3H	[커뮤니티: 햅번/비담채/보멍즐멍]	
8	10. 26(목)	4H	[워크숍] 50+ 커뮤니티 구성을 위한 워크숍 1 2기 자치회 구성	
9	11. 2(목)	4H	[탐방] 인생 2막 자급자족의 현장을 찾아서	
10	11. 9(목)	4H	[워크숍] 50+의 특별한 커뮤니티 워크숍 2 스스로 만드는 커뮤니티 활동 1	
11	11. 16(목)	4H	[워크숍] 50+의 특별한 커뮤니티 워크숍 3 스스로 만드는 커뮤니티 활동 2	
12	11. 23(목)	4H	〈인생 후반부 스토리텔링 발표회〉 졸업식	

2) 3개월의 흐름을 끊지 않으려면

광필 위의 표가 보이는가? 인생학교는 전체로는 석 달, 12번 정도 하게 돼 있다. 크게 보면 세 가지 흐름이 있다. 앞에는 자신을 찾 아가는 과정. 그다음엔 앞서간 선배들의 발자취를 찾아보는 과 정. 마지막으로는 자신이 하고 싶은 것을 커뮤니티 등을 통해 동료들과 함께 해 보는 과정이다. 특히 앞부분에 전체 시간의 반 정도를 할애하고 있다. 정말 초기에는 특강 같은 것들도 있었다. 커리큘럼 사이사이에 특강을 배치했었는데, 하면서 느낀 점이 특강 때문에 자신을 찾아가는 흐름이 끊긴다. 특강 자체로는 반응도 좋고, 좋은 이야기를 하고 있는데 문제는 자기 내면의 나를 만나고 동료들과 연대하는 그 전체의 흐름을 방해한다. 그래서 요즘엔 인생학교 프로그램 자체에 집중하고 있다.

2018년에는 지난 2년의 경험이 쌓여 새로운 시도를 준비하고 있다. 그 계기는 서부 4기를 준비하면서 시작되었다. 50+인생학교가 서부에서 3기, 중부 1기를 거치며 변화가 필요했다. '발심'하여 새로운 삶에 나설 용기를 얻는 것까지는 잘 나가는데, 커뮤니티 만들기로 연결하는 고리가 조금 싱거웠다. 8월부터 궁리를 했는데, 서울의 숲 옆에 있는 삼표레미콘 공장터 재활용 방안으로 '세상에 없는 카페 만들기'를 구상했다.

수업 시작은 박원순 시장의 편지로 시작했다. 네 개의 모둠별로 나누어 2시간 동안 기획과 발표 준비가 이어졌다. 늘 워크숍 분위기는 좋았지만 표정들이 꽂혔다. 제각각 온갖 제안들이 나오면서 격론이 벌어졌다. 모둠별로 10명이 넘어가니 튕겨 나가는 분도 있을 것 같고, 과제가 부담스러워 겉돌 분들도 있으련만 이건 뭐지? 2시간 내내 집중이 장난 아니다. 그동안 20년 가까이 온갖 수업을 봐 온 내 입장에서도 놀랍다.

막상 카페 만들기를 끝내고 돌아보니, 반성되는 것이 많았다. 어떻게 이런 대단한 수업이 가능했을까? 이번 과제가 만만치 않은 도전적 과제여서 어영부영할 수 없어 다 같이 달려든 것 아닐까? 인생학교에 참여하는 분들의 열정과 능력을 과소평가한 것은 아닌가? 이후에 전개되는 커뮤니티 만들기 과정에서는 정작 카페 만들기 만큼의 몰입을 보기 힘들었다.

그래서 이제 새로 시작하는 서부 5기, 중부 3기부터는 커뮤니티 만들기가 아니라 프로젝트 중심으로 진행하려고 한다. 2월에는 선배들이 미리 프로젝트 기획과 파트너 섭외도 준비한다.

서연 어떤 흐름으로 배움을 조직하는지는 알겠다. 그런데 아까의 내 질문에 대한 답은 되지 않았다. 인생학교 프로그램 자체에 집중한다는 게 도대체 무슨 말인가? 자기 내면의 나를 만나고 동료들과 연대하기 위해 어떤 방법으로 배움을 일으키는지가 궁금하다.

3) 논리가 아닌 말랑말랑한 감성으로?

광필 미안하다. 큰 흐름을 개략적으로 설명하다 보니. 그런데 이에 대해 답을 하기 위해서는 생뚱맞게 덴마크 이야기를 꺼내야겠다. 2017년 9월 말에 중부 캠퍼스에서 덴마크의 팀 백 대표[1]와 세 시간 반 동안 워크숍을 했다. 거기서 상당히 많은 걸 배울 수 있었다. 특히 자유학교, 시민학교와 같은 것들이 덴마크의 150여 년 전통에 힘입은 바가 크다는 것을 느꼈다. 그런데 한편으로 고민이 되는 점이 있었다. 그 이야기에는 덴마크라는 구체적인 상황 맥락이자 조건이 전제되어 있다는 점이다. 어떤 맥락일까? 덴마크는 65세가 정년이다. 본인이 원하면 매니저랑 협의해서 정년을 연장하기도 한다. 또 퇴직을 하더라도 연금이 충분하다. 뿐만 아니라 사회적인 복지 대책이 충분히 있는 것 같다. 그에 반해 우리의 경우는 처지가 매우 다르지 않은가?

50+인데 자식 걱정도 걱정이지만, 부모 걱정도 된다. 100세 시대니까. 또 당장 퇴직하면 생활비가 뚝 떨어지고, 주변의 네트워크가 급격히 와해된다. 관계도, '대접'도 달라진다. 그래서 많은 분들이 매너 있게 이야기할 때 말고, 정말 속 이야기 꺼낼 때 있지 않은가? 그럴 때는 '울화'가 드러난다. 내가 그동안 그렇게 많이 노력했고, 많은 걸 할 수 있는 능력이 있는데, 아무것도 할 수가 없는 상황. 그러니 울화통이 터진다. 그러나 현실은 기존에 살아왔던 삶의 연장선상으로 또 다른 삶은 불가능하다. 그럼 이걸 도대체 어떻게 뛰어넘을 것인가?

---

1. 서울50+국제포럼2017에 덴마크 대표로 참여했다.

덴마크에서는 이런 것들을 어떻게 해결할 것인지에 대해 차분히, 논리적으로 접근하고 있는 것 같다. 그런데 우리가 그렇게 했다면? 씨알도 안 먹힐 것 같다. 우리의 상황에선 논리적인 문제가 아닌 것이다. 이 꽉 차오르는 분노와, 뭔가 하고 싶은 건 많은데 무기력한.

그래서 우리가 시도하는 접근은 아주 말랑말랑한 '감성적 접근'이다. 이 접근의 맥락은 "논리적으로는 대한민국 50+의 마음을 뚫고 들어갈 수가 없다"는 것이다. 지금까지의 삶이 그런 논리적 접근을 단박에 차단해 버리는 방어기제를 형성케 하니까. 해서 처음의 시작은 그런 방어기제를 뚫고 들어가 솔직하게 자신의 내면의 분노나 찌질함 같은 것들을 직접 마주 보고, 타인과 나누는 과정이다. 이런 과정을 통해 어깨에 힘도 빼고, 정말 사소해 보이지만 의미 있는 것을 시작할 수 있는 작은 용기, 이런 것들을 끌어내려는 거다. 힘들고 쉽지 않기에 12주 중 6주를 이 과정에 집중한다.

서연 내가 느끼는 감정을 정확히 표현해 준 것 같다. 능력이 있다고 스스로 생각하는데 무기력하니 울화통이 터진다. 되돌아보면 그런 울화통 덕분인지 누가 논리적으로 "이렇게 저렇게 해야 된다"고 하면 단박에 무시했던 것 같기도 하다. 그래서 말랑말랑한 감성적 접근으로 자기 내면의 분노나 찌질함 같은 것을 직접 마주 보고 타인과 나누는 과정이 정말 필요하다는 생각이 든다. 그런데 그런 과정, 도대체 어떻게 하나?

광필 구체적으로 설명 드리겠다. 그 과정도 맨 처음은 내가 진행하는데, 영화를 보고 같이 이야기를 나눈다. 〈건축학개론〉이라는 영화다.

〈건축학 개론〉 '승민'과 '서연'이 되어
순수했던 스무 살로 돌아가 자신을 만나다
"요즘엔 영화를 그냥 보기가 힘들어요"

아시는 분들은 아실 텐데, 우리나라 최고의 멜로 영화다. 그렇지만 우리는 이 영화를 '성장 영화'로 이해한다. 뭐 '첫사랑을 찾아가는 영화'로 받아들이면 다들 그때의 순수했던 마음으로 돌아간다. 그렇게 돌아가서 그 순간의 자신이 꿈꿨던 것, 소중했던 것들. 이런 것들을 찾아가며 시작한다.

다시 이 사진이다. 왜들 각 모둠에서 말하는 사람의 이야기에 집중할까? 그전에 〈건축학개론〉의 남자 주인공 승민의 찌질한 모습에 대해 '충분히' 씹고 뜯고 맛보고 즐긴 후에, 자기 자신의 그 당시 찌질했던 모습을 돌아보고 있는 것이다. 그러다 보니 그 이야기에 대한 공감도가 엄청나게 높은 것이다.

서연 〈건축학개론〉을 그런 시각으로 본다는 게 신기하다. 성장 영화라니. 그리고 영화 주인공의 모습을 통해 자신의 찌질한 모습을 돌아본다는 것도. 그래서 사람들이 저런 표정을 지을 수 있었구나 싶다. 그런데 이걸로는 좀 부족한 느낌이다. 다른 수업도 소개시켜 달라.

〈선녀와 나무꾼〉
"아들 노릇, 엄마 노릇 하면서
자기방어벽이 무너졌다"

광필 이번엔 부학장의 수업을 소개해 보겠다. 사진 보이는가? 이 장면은 부학장이 진행하는 교육연극 장면이다. 이 사진도 자세히 보면 한 분이 손을 내밀고 이야기를 하고 있다. 그런데 안 보이니까 두 분은 머리를 디밀고(?) 보고 있다. 다들 시선이 손 내밀고 말씀하시는 남자 분의 입에 딱 모여 있는데, 딱 한 분 안 그렇다. 그분은 눈을 감고 있다. 그러나 오해하시지 말길. 졸고 있는 게 아니다. 말씀하시는 분의 말을 마음속 깊이 '새기고 있는' 중이다. 말하자면 귀담아듣는 걸 넘어서 새기고 있을 때, 공감이 일어나는 것이다. 이 장면에 대해 부연 설명을 하자면, 선녀와 나무꾼을 역할 바꿔서 교육연극을 하고 있는 중이다. 정확히는 선녀와 나무꾼에서 아들 역할을 하면서 온갖 이야기를 하는.

결국 이렇게 말랑말랑한 감성적 접근. 때론 풋풋한 20대의 찌질했던 시기가 되어 보기도 하고, 아들의 역할이 되어 보기도 하고 아내의 역할, 남편의 역할이 되어 보는 것이 강력했던 방어기제를 '녹아내리게' 한 것이 아닐까 싶다.

4) 의전이나 격식이 아닌, 알맹이를 중심으로

서연 타인의 말을 마음속 깊이 새긴다니. 그런 걸 언제 해 봤는지 기억이 잘 안 난다. 정말 그럴 수만 있다면, 나의 내면 안의 복잡한 마음을 만나고 타인을 공감할 수 있을 것도 같다. 그런데 정말 말랑말랑한 감성적 접근이 참여자에게 항상 잘 통 하나? 저만 하더라도 내 안의 여러 습관들이 새로운 배움을 막고 있는 것 같다는 기분을 종종 느꼈었는데.

광필 예리한 질문이다. 지금까지는 워크숍 이야기와 인생학교의 말랑말랑한 감성적 접근에 대한 이야기를 했다. 좋은 이야기들이다. 이제부터는 인생학교에서 잘 다루지 않으려고 하는 두 가지의 불편한 이야기를 해 보겠다. 첫 번째 이야기는, 사실 50+에 오신 분들은 지난 40년 동안 그놈의 의전과 격식을 쫓아가느라 죽을 맛이었다. 막판 10년째에는 심지어 그것을 즐기기도(?) 한다. 그리고 그걸 별안간 퇴직이란 놈이 찾아와 딱 끝냈음에도, 아직 몸에 배어 있다. 그런 관성이 아까 말한 말랑말랑한 접근을 굉장히 힘들게 한다.

그래서 학장이 입학식 때 이런 의전이나 격식을 걷어 내자는 말을 꺼낸다. 그런데 인생학교 와중에만 그러면 그게 무슨 의미가 있나. 이후에도 쭉 이어져야 한다. 일례로 인생학교 끝나고 뒤풀이가 아주 많은데, 학장인 저보고 건배사 하라고 하면 저는 딱 거절이다. 이런 식으로. 아주 구체적인 일상에서의 노력이 필요하다.

서부 1기 때 일이다. 박원순 시장이 우리 커뮤니티 한다는 소리를 듣고, 저녁 같이 먹자는 연락을 했다. 그러니 시청도 그렇고

캠퍼스 내부도 그렇고, 시장님 오신다고 하니 뭐 의자 배치를 어쩌나, 메뉴를 뭘로 해야 되나, 온갖 이야기가 나왔다. 원래 커뮤니티 할 때 김밥 사다 놓고 김밥 먹으면서 하는데 말이다. 그래서 '이건 인생학교에 전적으로 맡겨라' 했다. 그런 뒤 시장님 오시자마자 나무젓가락 하나씩 나눠 들고 여섯 군데의 각 커뮤니티를 돌며 김밥 하나씩 얻어먹고 다녔다.

개인적으로 시장님 입장에서 생각해 보면, '최고의 환대'를 받았다고 생각할 것 같다. 인생학교 입장에서는 그동안 말로만 했던 의전과 격식과 같은 껍데기를 걷어 내고 알맹이를 중요시하자는 걸 몸소 느낄 수 있었던 시간이라고 생각한다. 우리 나이, 뭐

50~60대에서는 이런 의전과 격식을 걷어 내지 않고서는 자기 내면을 마주할 수도 없고, 동료를 만날 수도 없고, 새로운 인생을 시작하기도 어렵다. 해서 이게 최대의 난제고, 이것만 넘어서면 그다음은 훨씬 쉬워지는 것 같다.

5) 잘하려 하지 마라?

서연 의전과 격식, 소위 껍데기인 것들에 너무 찌들었던 것 같다. 그러다가 정말 마지막엔 좀 즐겼던 것 같기도 하고, 제대로 안 해 주면 좀 삐졌던 것 같기도 하고. 그런데 정말 그런 것만 걷어 내면 자기 내면을 마주하고 동료를 만날 수 있나? 아까 불편한 이야기 두 개라고 하지 않았나. 남은 것도 빨리 듣고 싶다.

광필 말하신 대로 비단 의전과 격식만 걷어 낸다고 되는 건 아닌 것 같다. 두 번째 이야기다. 사진 보이시는가? 지금 중부 캠퍼스 1기 졸업식 사회를 맡으신 분인데, 표정이 좀 묘하다.

성공을 통해서가 아니라,
다양한 시행착오와 사연을 통해 성장하는 것

바짝 긴장하고 계신 거다. 사실 이분이 이런 거 굉장히 많이

해 보신 분이다. 그런데 한 5분 전에 이분이 나한테 다가와서 "와, 너무 긴장되네요." 그래서 제가 한 말이 "너무 잘하면 안 됩니다." 이 한마디 딱 했다. 근데 너무 잘해 버리셨다. 끝나고 서로 너무 좋아한 기억이 난다.

어쨌든, 인생학교가 석 달을 한다. 그전까지 우리는 늘 평가받는 입장에서, 언제나 모든 것을 잘하려고 한다. 그래서 잘하려고 최~선을 다했고, 잘하려 하는 것들이 몸에 배어 있다. 문제는 그동안 삶의 연장이 아니라 전혀 새로운 삶을 시작해야 하는 만큼 그런 잘하고자 하는 '긴장'을 내려놓아야 한다는 점이다. 인생학교를 기준으로 말하자면 석 달이란 그 긴 호흡으로 이러저런 시

도를 하면서 엉터리 짓도 해 보고, 그러면서 뭔가를 알음알음 찾아가면 되는 거다. 중요한 것은 긴 호흡으로 내가 새로운 무언가를 시도할 수 있는 내면의 힘을 얻고 성장하는 것이지, 그 시기시기마다 평가받고, 다 잘하려는 '성실한' 모습이 실은 최악이다. 잘하려고 하는 그 순간이 도움을 주는 사람으로서 브레이크를 걸어야 하는 순간이라고 생각한다. 좀 더 힘 빼고, 대충대충 해 보고, 개겨(?) 보고. 그런 것이 중요하다고 생각한다.

6) 착한 사람은 없지만, 선한 마음은 있다?

서연　잘하려 하지 않는 게 생각해 보면 힘들다. 지금껏 공부도, 육아도, 일도, 목숨 걸고 잘하려 한 것 같다. 그래서 조금이라도 실패할 만한 것들은 시도하지도 않고, 또 모든 것에 긴장한 채로 팽팽한 바이올린 현 같은 삶이 아니었나 싶다. 어쨌든 그렇게 껍데기도 걷어 내고 잘하려는 마음도 내려놓고 자신의 내면을 마주하게 되면, 그다음은 뭔가?

　　다양한 삶을 살아왔지만
　　각자의 마음속에 있는 선한 의지를 모아 건강한 문화를!
　　그 힘으로 뭔가를 저지를 수 있다.

광필　결론부터 말하자면 연대가 이루어져야 문화가 만들어진다. 인생학교를 통해 각자 마음속에 있는 선한 의지들이 모이면 건강한 문화가 만들어지는 것 같다. 대표적인 커뮤니티로 'Dream Gardening'이라는 커뮤니티가 있는데, 지금 보시는 사진이 그 활동 모습이다. 서부 캠퍼스 앞의 정원을 2017년 초 가을에 가을맞이 형식으로 정원 만들기를 하고 있는 모습이다. 이분들의 꿈은 '서울 전 지역의 자투리땅을 정원으로 만들겠다!'이다. 처음에는 그냥 정원 가꾸는 것을 재밌어하는 몇 분 모여서 시작한 건데, 이야기가 저기까지 진행된 것이다.

　　인생학교가 착한 분들만 모아서 하는 학교가 아니라고 생각한다. 지금 저기 계시는 분들도 처음부터 착한 분들이었을까? 그저 평범한 분들이 왔다고 생각한다.

사실 사람들이 선한 사람 따로 있고, 악독한 사람 따로 있는 게 아니다. 내 마음도 그러하듯이 모든 사람 안에는 두 개의 마음이 있다. 악한 마음과 선한 마음. 문제는 '어떤 것을 자극하느냐'라고 생각한다. 인생학교에서 워크숍을 통해 자기 속 이야기들을 하고, 들어 주고, 이러다 보면 멤버들 안의 선한 의지, 그런 것들이 자극되는 것 같다. 그렇게 자극된 선한 의지들이 모여서 뭔가를 시도하려고 하는 것 같다. 그런 것들이 모아지면 하나의 '문화'가 되고 또 그런 것들이 모여 지속되면 '전통'이 된다고 생각한다. 지금 50+에서는 이러한 새로운 문화가 싹트고 있다고 생각한다. 이게 한 4~5년만 지속되면 이것이 전통이 될 것이라고 생각하고, 비단 인생학교 차원에 머무르지 않을 것이라고 생각한다. 동세대, 더 나아가 다른 세대에까지 확대될 수 있다고 생각한다.

7) 당신들의 천국?

서연 듣기만 해도 설레는 이야기인데, 한편으로 걱정이 된다. '자기들만의 리그'가 되는 것은 아닐까. 나만 해도 경제적으로 조금이나마 여유가 있고, 정보력도 있는 편이다. 그런데 그렇지 않은 분들은 어떻게 생각하나?

정보와 문화자본을 갖춘 분들 위주가 아니라
다양성이 강점이다.
연대는 낮은 쪽으로!

광필 뼈아픈 지적이다. 우리가 아직 2년밖에 안 됐다. 그리고 대부분의 사람들한테는 "50+재단, 50+인생학교가 대체 뭐야?" 우리가 엄청 홍보를 한다 하더라도 그렇다. 어떻게 보면 정보력과 문화자본을 갖춘 분들이 그나마 우리와 함께하고 있다고 생각한

다. 또 그렇기에 서로 손발도 잘 맞고, 잘되고 있는 것일 수도 있다. 해서 이런 식으로 2~3년 이어지면 우리가 하는 일이 '당신들의 천국'일 수밖에 없다. 꼭 필요한, 더 어려운 처지에 놓인 사람들이 소외되면서 "야, 뭐 방귀 좀 뀐다 하는 사람들이나 있는 곳이구나." 할 수 있다. 그렇게 되는 순간 다양성이 상실되면서, 역동성도 깨지게 된다. 세상이 그렇게 흘러가면, 세상이 따뜻해질 수는 없지 않은가?

하지만 그렇다고 지금 우리가 그런 어려운 처지에 놓인 분들을 당장 끌어모을 수 있는 것도 아니다. 핵심은 이런 방향성이나 문제의식을 명확히 하고, 지금의 한계를 명확히 인정하고, 어떻게 이런 영역을 넓혀 나갈 것인지에 대해 계속해서 돌파구를 찾아야 한다는 것이다.

8) 배움이 매뉴얼로 될까

서연 꼭 돌파구를 찾았으면 좋겠다. 어렵겠지만. 그리고 이런 인생학교를 확산시키려 하는 것 같은데, 도대체 어떻게 하려고 하는지 궁금하다. 심지어 대박 족발집도 지점을 내면, 그곳의 맛이 다르지 않은가.

때가 왔다. 향후 5년. 누가 감당할까?

'관리'는 줄이고 '배움'을 자극하는 데 주력
돕다 보니 함께 간다.

광필 그렇다. 맛집도 그러한데, 교육의 어려움이야 오죽할까. 우리
가 지금 하고 있는 것을 프로그램이라 하기도 하고, 강좌라 하기
도 한다. 여러 가지 것들이 기획되어서 담당 매니저가 관리를 한
다. 좋은 사례가 나오면 그 부분을 확산하기 위해서 매뉴얼을 만
든다. 그걸 또 적당한 사람이 맡아서 해 나간다. 뭐 50+인생학교
가 지금껏 잘했다 치고, 그걸 꼼꼼하게 정리해서 매뉴얼을 만들
었다 치자. 또 그걸 누가 담당을 맡아 센터마다 확산을 시켰다
치자. 그게 어떻게 될까? 나는 '강남의 귤이 강북에서 탱자가 되
는' 걸 볼 수밖에 없다고 생각한다. 이건 매뉴얼의 문제가 아니
다. 지금의 주제가 배움인데, 이건 관리의 문제가 아니다. 중요한
것은 그 과정 자체가 '교육적'이어야 한다는 것이다. 참여하는 분
들을 정말 깊이 있는 배움으로 끌고 가는 내용과 그것을 촉진할
수 있는 교육적 접근이 정말 중요하다.

요즘은 훌륭한 명강사의 강의를 듣고 감명을 받고, 거기서 변
화를 기대한다. 그런 부분, 일부 있다. 그런데 그런 것이 효과가
있는 분들은 그런 것 안 들어도 효과를 누릴 수 있는 분들일 가
능성이 농후하다. 그렇지 않은, 어려운 분들을 흔들어 깨우는 과
정은 정말 깊이 있는 배움이 필요하다. 그래서 아까 말랑말랑한

감성적 접근도 나오고, 의전이니 격식이니 다 걷어 내자는 이런 이야기가 나오는 거다.

서연 이런 문제의식이 비단 인생학교에만 국한될 것은 아닌 것 같다. 결국 대한민국 50+세대의 문화를 만들어 나가고, 그런 문화를 바탕으로 세상을 바꿔 보자는 것이 아닌가?

광필 그렇다. 이런 맥락에서 제가 지금 50+인생학교 중심으로 말하고 있지만, 이걸 인생학교에 국한시킬 것이 아니라 50+운동 전반에 걸쳐 교육적 문제의식을 갖고 문화를 만들어 나가고, 확산시키는 것이 중요하다. 그렇다고 50+세대가 모든 것을 다 할 수는 없는 것 아닌가? 새로운 세대들이 자라고 있다. 특히 지금 20대가 제일 힘드니 결국 우리가 그들에게 따뜻한 손을 내밀어 함께 무언가를 해 나가야 한다. 그렇지만 혹여 지금처럼 우리가 대접받으려 하고, 소위 꼰대처럼 굴면 20대는 끝까지 거부한다. 우리는 따뜻한 손으로 생각하지만, 그들은 뜨거운 손으로 생각한다. 우리의 변화가 없이는 그들도 함께할 수 없다.

그런 관점에서 지금 50+가 서울시의 전폭적 지원을 받으면서 2년 만에 이렇게 교두보 역할을 할 수 있게 됐다. 게다가 올해 지자체 선거도 있다. 지자체마다 50+에 대한 관심이 굉장하다. 아마 내년, 내후년이 되면 엄청난 확산이 있을 것 같은데, 강북의 탱자가 되지 않기 위해서는 처음 시작할 때의 정신을 살리고, 천~천히 확산시키는 게 중요하다. 그러기 위해서는 양적인 접근이 아니라 제대로 맞는 방향으로 가고 있는 것인지, 본래의 방향은 무엇이었는지, 그 입장에 충실하자. 뜨거운 손이 아닌 따뜻한 손이 되어 다른 세대와 함께 우리나라를 변화시키는, 그런 50+세대가 되었으면 좋겠다.

교육의 미래를 그려 보다

1. 빨간 약이냐, 파란 약이냐

수진 알파고의 충격 이후 인류의 미래가 어떻게 전개될지 걱정에
　휩싸인 사람들이 갑자기 늘어났다. 현재 어린이와 청소년은 앞으
　로 삶의 대부분을 진화를 거듭하는 알파고들과 함께 살아가야
　한다. 미지의 폭풍을 맞닥뜨릴 우리 아이들에게 어떤 항로를 제
　시해야 하며, 그 폭풍을 헤쳐 나갈 수 있도록 어떤 능력을 길러
　주어야 할지 교사로서 고민된다.

광필 좀 뜬금없지만 영화 〈매트릭스〉 이야기를 해 보자. 주인공 네
　오는 선택의 기로에 선다. 파란 알약을 먹고 사이버 세상에서 행
　복한 감정에 젖어 살 것인지, 빨간 알약을 먹고 불편한 현실을
　마주할 것인지, 모피어스는 그에게 두 개의 알약을 내민다. 현재

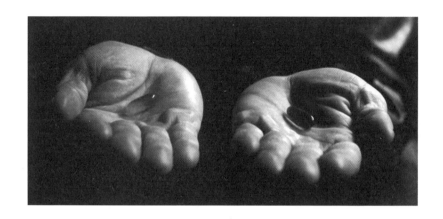

우리도 네오와 같은 상황에 처한 것이 아닐까?

2016년 3월에 있었던 인간과 인공지능의 역사적 대국에서 알파고는 예측을 뒤엎고 이세돌 9단에게 완승을 거두었다. 알파고의 충격으로 우리나라는 미래 사회에 가장 관심이 많은 나라가 되었고, 지난 2년여 동안 미래 사회에 대한 온갖 예측이 쏟아졌다. 말씀하신 '폭풍' 속에 우리나라가 들어온 것이다. 미래에 대한 논의를 주도한 것은 미래학자와 과학자, 인문학자들이었다.

과학자 중 미래에 관해 가장 적극적으로 목소리를 내는 사람 가운데 하나가, 구글의 기술이사이며 영생永生을 꿈꾸는 1948년생 레이 커즈와일Ray Kuzweil이다. 그는 유토피아를 제시한다.

"2045년이 되면 인간이 기계가 되고 기계가 인간이 되어 노화, 질병, 기아를 극복하는 특이점이 올 것이다. 특이점Sigularity이란 가속적으로 발전하던 과학이 폭발적인 성장의 단계로 도약함으로써 완전히 새로운 문명을 낳는 시점을 말한다.

특이점 이후에는 기술과 인간의 지능이 융합해 인간이 생물학적 몸과 뇌의 한계를 극복하고 운명을 지배하며, 죽음까지도 제어하는 세상이 도래할 것이다. 특이점 이후의 미래에는 자기복제가 가능한 '나노 로봇'의 반란 위험이 있지만 방어 기술이 더욱 발달할 것이다."

그런데 레이 커즈와일이 말하는 유토피아는,《사피엔스》의 저자 유발 하라리의 관점에서 보면 디스토피아와 다름없다.

"20~30년 내에 택시운전사와 의사뿐 아니라 선진국의 모든 직업 중 약 50%가 AI로 대체될 수 있다. 그렇게 되면 전례 없는 사회적·정치적 불평등이 만들어질 것이며, 강력한 알고리즘을 소유한 소수 엘리트에게 부가 집중될 것이다.

인공지능과 생명공학의 발달은 인류를 역사상 최초로 초인간과 평범한 인간으로 나뉘는 '생체 계급사회'를 만들어 낼 것이다. 역사상 처음으로 경제적 불평등은 생물학적 불평등으로 바뀔 것이며, 부자들은 가난한 이들과 차별화된 우수한 신체적, 정신적 능력을 갖게 될 것이다.

인류가 21세기에 직면한 어려움은 지구온난화, 글로벌 불평등, AI와 생명공학 같은 파괴적인 기술의 부상 등 전 지구적 문제다. 이러한 도전에 대처하기 위해서는 전 지구적 협력이 필요하다."

한편 문명비평가인 제레미 리프킨[1]은 새로운 문명이 도래할 것이라 예견한다.

"과도기가 지나면 급격한 일자리 감소는 불가피하다. 그때가 되면 해석적 알고리즘을 이해하는 매우 적은 숫자의 관리자와 근로자만 유지될 것이다. 다만 일자리 감소를 끔찍하게만 생각할 필요는 없다. 왜 사람이 아무 생각 없이 트럭을 하루 10시간씩 50년 동안 운전해야 하고, 하루 8시간씩 40년 동안이나 공장의 좁은 방에서 조립라인의 제품을 지켜봐야 하는가?

앞으로 20~30년 후에는 자본주의 경제가 자연스럽게 '사회적 경제'로 변모할 것이다. 즉 힘들고 귀찮은 일들을 기계에게 맡겨 놓고 사람은 건강관리, 복지, 교육, 스포츠 문화 등의 영역에서 정당한 대가를 받으며 '심오한 작업'이 아니라 '심오한 놀이'에 전념하게 될 것이다."

이런 이야기들을 우리는 어떤 느낌으로 듣고 있을까? 알파고 충격 이후 우리 대부분은 미래학자나 과학자들의 이야기를 일방적으로 듣고만 있었다. 본인도 이 이야기 들으면 이 말이 맞는

1.《노동의 종말》과《한계비용 제로 사회》의 저자.

것 같고, 저 이야기 들으면 저 말이 맞는 것 같아서 상당히 헷갈렸다. 그렇게 휘청대다가 문득, 그 이야기들 속에 '우리'는 도대체 어디에 있는지를 고민하게 되었다. 놀라움과 두려움으로 감탄사를 반복할 수만은 없지 않은가? 우리 곁에 성큼 다가와 있는 미래를 교육에서는 어떻게 대처해 나가야 할 것인지를 고민해야 한다.

수진 미래의 폭풍에 대한 다양한 기상관측 자료를 잘 보여 주었다. 그리고 그 자료를 판독하는 데 어떤 시각을 가져야 할지 힌트를 준 것 같다. 관측을 넘어 미래의 폭풍을 교육적으로 어떻게 헤쳐 나갈지, 어떤 항로를 보고 있는지 궁금하다.

광필 그렇다. 일기예보를 오롯이 믿기엔… 그리고 교육적 움직임이 어쩌면 기상을 바꿀지도 모른다는 생각도 든다. 제가 2016년 3월에 쓴 칼럼으로 항해를 시작해 보자.

인공지능 시대, 인간은 무엇으로 사는가

정광필 전 이우학교 교장

2045년 3월 23일, 광필 씨는 여명이 밝아 오기 직전인 4시에 일어나 호출한 무인자동차에 몸을 싣는다. 그는 최신 장비를 마다하고 30년 전의 낚싯대로 월척을 잡기 위해 양수리로 향한다. 오전 10시, 물가에서 홀로그램 영상을 통해 프로젝트 회의를 진행한다. 안건은 60~90살 장년들의 재교육을 위한 연수 기획안 검토. 8개 나라의 전문가들이 1시간 회의 끝에 이분들의 왕성한 활동력을 토대로 자신의 사업을 구상하게 하고, 이를 추진하는 데 필요한 지식과 기술은 'VR-2043'을 통해 전수하자고 합의한다. 딴짓을 하는 사이에 입질을 한 월척은 바늘털이를 하고 사라졌다. 몸보신을 위해 기다리고 있을 주영 씨가 떠올랐지만 내일은 저기압이 다가오니 다시 기회가 있겠지.

오후에는 중요한 토론과 투표가 있다. 2년째 격론이 벌어진 '강한 인공지능'의 허용 여부에 대해 각국의 패널들이 토론을 하고, 이를 지켜본 세계시민들이 그에 대해 투표를 할 예정이다. 이번에 기후변화, 소행성 충돌 등에 대비하기 위해 강한 인공지능을 개발해야 한다는 구글 등 글로벌 기업의 논리를 설득력 있게 논박하는 게 중요하다. 귀갓길 무인자동차의 푹신한 소파에서 광필 씨는 여러 전문가들의 조언을 받아 준비한 주영 씨의 발표 자료를 꼼꼼히 읽으며 코멘트한다.

오후 5시, 70%의 반대표가 나왔다. 이로써 한동안은 잠잠해질 것 같다. 50대 중심의 마을 커뮤니티 멤버들이 환호를 하며 저녁에 잔치를 하잔다. 입체(3D) 프린터에서 찍어 낸 고만고만한 메뉴에 지친 멤버들이 제각각 비장의 솜씨를 발휘한다. 식사 후 모두들 들뜬 분위기에서 광장으로 나선다. 그동안 갈고 닦은 연주 실력을 발휘하니, 마을 사람들이 모여들어 축제판이 된다. 남미와 아프리카의 네트워크 멤버들도 자다 깨서 뒤늦게 축제를 벌인다.

꿈은 깨어나면 허망하지만 멋진 상상은 인간의 의지를 북돋운다.

알파고의 등장 이후 3월은 온통 충격과 우려의 분위기다. 언론은 대체로 거대 자본들이 경쟁적으로 인공지능과 로봇공학을 발달시켜 급기야 주인과 노예가 역전되는 상황을 걱정한다. 하지만 정부는 적극적 대책을 마련하려는 움직임은 보이지 않은 채 인공지능 개발에 많은 돈을 투자하겠다는 계획뿐이다. 일부 정당과 시민단체에서는 기본소득제를 주장하지만 그것만으로는 향후 전개될 난국을 타개하기 어렵다. 아마도 우리가 이렇게 무력하게 지내다 보면 생계는 보장받지만 무엇을 할지 몰라 술과 도박에 찌든 보호구역의 인디언이 30년 후 우리의 모습이 될 수도 있다.

그래서 멋진 상상이 필요하고, 그것을 실현하기 위한 시민의 각성이 필요하다. 기술은 현 인류의 종언을 향해 무서운 속도로 질주하는데, 자신의 기득권을 유지하는 데 급급한 정치인들만 믿고 기다릴 수는 없다. 과거 아테네 시민들이 폴리스의 현안에 대해 오랜 시간 토의하고 결정했던 것처럼, 우리도 시민이자 인류의 일원으로서 우리의 운명을 좌우할 주요 정책을 함께 고민하고, 의논해서 결정해야 한다. 발달된 정보통신(IT) 기술은 세계 모든 시민의 정치 참여를 뒷받침하기에 충분하다.

이 과정에서 교육이 중요하다. 그동안 학교가 조직에서 시키는 대로 일할 사람을 길러 왔다면, 이제는 민주주의 훈련과 문·예·체 활동을 통해 시민의식을 갖추고, 놀 줄 아는 인간을 키워야 한다. 그리고 인문학을 통해 인공지능시대의 진정한 인간다움은 무엇인지, 인간과 인공지능은 각각 무엇을 하고 어떻게 협력해야 할지 생각하고 판단하는 힘을 길러야 한다.

광필 씨의 어설픈 상상보다는 젊은이들의 발칙한 상상이 더 많은 이들의 상상과 실천을 자극하리라. 우선은 코앞에 닥친 총선부터.

《한겨레》 2016년 3월 22일 세상읽기 칼럼)

수진 칼럼에서는 보호구역의 인디언과 아테네 시민들의 사례를 통해 우리 앞에 상반된 미래가 놓여 있음을 이야기한다. 이런 예시를 통해 전망한 미래에 대해 좀 더 자세히 설명해 주었으면 한다.

광필 먼저 인디언 보호구역부터 이야기를 꺼내 보자. 미국에서 서부를 개척하는 과정에서 원주민인 인디언은 고향에서 쫓겨나고 살육을 당했다. 남아 있는 인디언들을 모조리 없애기 힘드니까, 19세기 중반 무렵부터는 미국 정부가 인디언 보호구역을 설정하여 인디언들에게 먹을 것, 입을 것을 넉넉하게 챙겨 주고 학교를 비롯한 편의시설과 함께 생활비도 지원했다. 그곳에 살고 있던 인디언들은 어떻게 됐을까? 세월이 지난 후 인디언의 다수는 술, 도박, 마약에 찌들어 사는 사람이 되었다.

지금 우리는 각박한 경쟁 속에서 먹고살기 위해 아등바등하고 있다. 그러나 인디언 보호구역의 역사를 보면 먹고사는 것이 다가 아니라는 걸 깨닫게 된다.

지금의 10대 청소년들이 40대가 되어 본격적으로 사회에서 활동하는 30년 후, 미래는 어떤 모습을 하고 있을까?

20~30년 후 미래를 예측해 보면 대다수 인류는 노동에서 밀려나 있을 것이다. 로봇이나 AI와의 경쟁에서 이길 수 없다. 그러나 모두가 현재의 관점에서 보는 '실업자'는 아닐 것이다. 로봇과

AI를 소유한 자본의 입장에서는 엄청난 생산력으로 쏟아 내는 상품을 구매할 소비자가 없으면 생산도 의미가 없다. 결국 지금 논란이 되는 '기본소득제'와 같은 복지대책을 세울 수밖에 없다. 최근 실리콘밸리의 CEO들이 로봇세나 기본소득을 주장하는 것도 비슷한 맥락이다. 결국 기본소득제가 전면적으로 실시되면 먹고사는 문제는 상당히 해결될 것이다. 그런데 먹고사는 게 해결된다고 삶이 반드시 행복한 것은 아니다. 이 지점에서 '인간은 무엇으로 사는가?'라는 질문이 더욱더 중요해진다.

수진 사실 아직은 먹고사는 것 이상의 행복을 꿈꾸기 어려운 인구가 지구상에 상당히 존재한다. '무엇으로 사는가'란 질문이 더 중요해진다는 말씀을 들으니, "배부른 돼지보다는 배고픈 소크라테스가 낫다"는 말이 떠오른다.

광필 사실 정치적 상황이나 자본 간의 극한 경쟁이라는 요인을 빼고 보면 현재 21세기의 생산력 수준으로도 인류는 기아로부터 어느 정도 해방이 될 수 있다. 그렇다면 앞으로 인류는 더 이상 배고픈 소크라테스가 아니니, 배부른 돼지보다는 배부른 소크라테스가 되고 싶은 욕구가 강해진다는 뜻이다. 앞으로는 먹고사는 것 이상의 것들은 실리콘밸리의 엘리트에 의해 좌지우지될 확률이 매우 높다.

지금 구글에서 X프로젝트로 추진하고 있는 것 가운데 바이오와 관련된 사업들이 많다. 이 X프로젝트가 현실화되면 경제적 불평등이 생체적 불평등으로 이어질 수 있다. 우수한 유전자를 선택적으로 조합한다거나 부모로부터 수정란을 여러 개 만든 후 가장 우수한 유전자가 조합된 배아를 선택하는 것이 가능하다는 뜻이다. 100만 달러를 지불하면 A등급, 10만 달러를 지불하면 B등급, 나머지는 C등급, 이런 식으로 태어나는 아기의 생체 등급이 정해질지도 모를 일이다. 인디언 보호구역의 인디언들이 술과 마약에 찌들어 허송세월하듯, 우리도 어느새 소수의 엘리트들이 주도하는 생체 불평등 사회를 자신도 모르게 받아들이게 되는 것은 아닌지…. 이런 상상은 굉장히 음울하지만 안타깝게도 학자들이 실제 우려하는 상황이기도 하다.

수진 돈이 많은 사람들만 더 '특출나게' 배부른 소크라테스가 될

수 있는 '생체 불평등 사회'라니… SF 영화에서 생체 불평등으로
직업이나 앞으로 해야 할 일들이 달라지는 걸 봤던 기억도 난다.
하지만 또 다른 미래로 나아가는 항로도 있을 것이라 믿고 싶다.

광필   그런 항로, 당연히 있다고 생각한다. 물론 노력해야겠지만.
2500년 전 그리스의 도시국가 아테네에서는 노예들이 노동을 대
신한 덕분에 시민들은 노동으로부터 해방되었다. 시민들은 낮에
는 아크로폴리스에 모여 국가의 사안을 논의하고 결정했다. 한마
디로 직접 정치를 한 것이다. 저녁에는 극장에서 비극을 보며 운
명이란 무엇인가, 삶이란 무엇인가, 인간이란 무엇인가를 고민했

다. 아마 인류 역사상 가장 높은 수준의 '인간적' 성취를 이뤘던 시기가 아니었을까 싶다. 물론 노예를 소유한 남자 시민에게만 해당되는 얘기지만 말이다. 그런데 미래에는 인공지능과 로봇을 통해 노예가 없어도 먹고사는 일이 해결되니, 모든 사람이 이런 성취와 권리를 누릴 수 있다고 생각한다.

결국 보호구역의 인디언의 삶과 고대 아테네 시민들의 삶, 이 두 가지가 모두 우리의 미래가 될 가능성이 있다는 말이 된다. 미래는 정해져 있는 것이 아니라 '우리가 어떻게 만들어 가느냐'에 달려 있다. '어떻게'에서 가장 중요한 것이 바로 교육이다. 그래서 미래를 만들어 가는 교육에 대해 이야기해 보려고 한다. 논점을 더 명확히 하기 위해 미래학교의 5가지 접근법을 중심으로 설명해 보겠다.

2. 모범생이 아니라
'내면의 힘' 야성을 가진 아이로 키우기?

수진 '야성'이라는 말이 낯설게 느껴진다. 우리 사회가 가부장적 권위주의가 강해서 그런지 다소 마초적 성향 같은 게 떠오르기도 한다.

광필 수채화 사진을 한번 보자. 소위 말하는 '좀 노는' 중3 아이들
이 청소년학교에서 저녁을 먹기 전에 쉬고 있는 장면이다. 그 무
리 중 한 아이가 자신들의 모습을 그렸다. 그림 뒤에는 이런 해설
이 적혀 있었다. 읽는 순간 가슴이 '쿵~' 하고 울렸다.

나는 내 이런 모습이 애벌레가 나비가 되기 위해 힘들고
어려운 시간을 이겨 내고 지금보다 좋은 상황을 만들어 가
는 중인 것 같다.

두 번째 그림의 뒷면에는 이런 해설이 적혀 있다.

가로등은 나랑 비슷하다.

낮에는 사람들이 쓸모없게 여겨 그냥 배경밖에 되질 않지만 사람들이 필요로 하는 밤에는 길을 밝혀 도움을 주는 것이 학교와 함청에서의 내 모습과 비슷하다.

'함청'은 함께 여는 청소년학교의 준말이다. 좀 길지만 저 그림이 어떻게 나오게 됐는지 설명을 해야 할 것 같다.

이우학교는 2003년에 개교했다. 원래는 2002년에 개교할 예정이었는데 당시 교육청에서 재정 지원을 해 주지 않겠다고 했다. 이 문제로 한 1년을 뛰어다니다 보니 이대로 계속 끌고 갈 수는 없겠다 싶은 판단이 섰다. 안타깝지만 재정 지원을 받지 않는 조건으로 개교할 수밖에 없었다. 그러다 보니 등록금이 일반 학교의 1.7배에서 3배까지 올라갔다.[2] 이런 조건에서는 분당이나 수지 지역에 사는 중산층 정도는 되어야 들어올 수 있는 학교가 되고 말았다. 제일 듣기 싫은 '귀족학교' 소리까지 들었다. 이렇게 한 5년 학교 운영을 하다 보니, 선생님들도 복잡한 마음이 풀

---

2. 물론 2010년부터는 재정 지원을 받게 되어 중학교는 무상이고, 고등학교는 일반 학교와 똑 같아졌다.

리질 않았다. 새로운 교육을 해 보자고 야심차게 시작했건만 결과적으로 있는 집 자녀들의 뒷감당만 하고 있는 건 아닌가 싶은 갈등으로 괴로워하기도 했다. 결국 우리는 이우학교를 운영하는 데 머물지 않고 성남시의 모란역 부근에 방과후학교를 만들었다.[3] 그리고 인근 중학교에 재학하는 1학년 학생 중 환경이나 정서 면에서 가장 어려운 아이들 5명씩을 추천 받아 평일 오후 4~9시까지 함께했다.

남녀 학생을 막론하고 모두 만만치 않았고, 상처 또한 많은 아이들이었다. 이 아이들은 어려운 가정에서 자라 왔기 때문에 그동안 여러 군데서 도움을 받았다. 문제는 도움을 주는 사람들이 그냥 돕는 것이 아니라 꼭 생색을 낸다는 점이다. 평상시에는 잘 나타나지 않다가 행사 때가 되면 꼭 나타난다거나, 평소엔 아무렇게나 대하다가 카메라 앞에만 서면 어깨에 손을 올리고 지긋한 표정을 짓는 등 아이들 눈으로 봐도 속 보이는 일이 많았던 것이다. 지속적으로 이런 경험을 한 아이들은 도움을 주는 사람들을 삐딱한 눈으로 바라보게 된다. 어떤 사람이 도움을 빙자해 자신을 드러내는 데 열심인지, 어떤 사람이 정말 진심으로 다가오는지 아이들은 본능적으로 알아차린다. 혹독한 환경을 견뎌

---

3. 방과후학교의 상근 교사들을 따로 모셨지만 일부 이우학교 교사와 학부모들이 자원봉사자로 결합했다.

왔거나 자기방어와 반항이 강한 아이들일수록 동물적 본능이 더 발달돼 있다. 저 사람이 날 정말 좋아하는지 좋아하는 척하는 건지, 정말로 도와주는지 도와주는 척하는 건지 귀신같이 알아 차린다. 그러다 보니 몇 년쯤 걸릴 것이라는 예상을 뒤엎고 아이들은 두어 달 만에 선생님들의 진심을 알아차렸다. 물론 자존심 때문에 바로 싹싹해지지는 않았지만, 한 학기도 지내기 전에 아이들은 선생님들과 마음이 통했다. 그다음부터 놀라운 일이 시작되었다.

이 과정에서 많은 것을 배웠고, 이우학교의 교육적 경험을 반성하게 되었다. 그동안 이우학교를 운영하면서 최대한 좋은 교육 환경을 갖추려고 노력했다. 학교 시설을 비롯해서 선생님들이 준비하는 교육 내용에 이르기까지 모든 면에서 최선을 다하려 했다. 그런데 함청에서 아이들을 만나면서 '좋은 교육환경이 꼭 교육적이지 않다'는 점을 반성하게 되었다. 내가 8년간의 교장을 마치고 퇴임하면서 했던 강연 제목이 "이우학교라는 온실을 부수자"였다. 좀 거칠게 말하자면, 아이들을 비바람이 몰아치는 들판으로 몰아넣어야 한다는 것이다. 모든 것을 챙겨 주는 환경에서 아이들은 무기력하거나 뺀질이가 된다. 무엇인가 도전할 만한 일이 없고 넘어지거나 깨질 곳이 없는 학교에서는 오히려 대충 때울 수밖에 없다는 것이다.

그래서 역으로 함청의 부모님들에게는 이런 말씀을 드렸다.

"미래에 정말 우리 사회를 바꿀 인재로 성장할 아이들이 누구일까? 아마 여기 있는 아이들처럼 상처가 깊고 삐딱선을 타 본 아이들이 무엇인가를 해 보려고 스스로 마음먹을 때 그런 인재가 될 수 있을 것이다."

2017년 3월에는 함청이 어느새 10주년을 맞아 기념행사를 했다. 앞에 언급한 그림은 이 행사에 전시된 것이다. 이 그림이 탄생할 수 있었던 건 2년 차에 들어온 선배 학생 덕분이었다. 그는 그리는 걸 무척 좋아했고 열심히 노력해서 서울에 있는 미대에 갔다. 합격을 한 후 후배들이 가장 먼저 떠올랐다며 바로 함청을 찾아왔다. 후배들이 걱정이 된다고도 했다. 그 선배는 겨울방학 한 달 동안 중3 아이들한테 수채화를 가르쳤다.

어느 날 오일화 함청 센터장이 앞의 그림을 들고 와서 내게 한번 보라고 했다. "어이구, 잘 그렸네"라는 반응을 보이자, 그는 그림을 뒤집어서 뒷면에 적힌 해설을 보여 주었다. 정말, 충격이었다. 2015년, SBS와 함께 〈바람의 학교〉라는 좀 특별한 프로젝트를 한 적이 있다. 여러 면에서 가장 어렵다고 해도 과언이 아닐 정도의 고1 아이들을 전국에서 모아 한 달간 함께 지내며 변화를 일궈 보자는 시도였다. 이런 일을 해 봤기에 어려운 아이들을 깨우는 데 누구보다 자신감 있던 나도 깜짝 놀랐다. 한 달이 아니라 일 년을 땀 흘려도 쉽지 않을 일이었다. 한 달 만에, 한두 명이 아니라 모든 아이들을 저렇게 깨운 힘은 도대체 어디서 나온 것일까?

누구도 예측할 수 없는 불확실한 미래 사회를 어떻게 접근할 것인가? 이 질문에 제일 중요한 답은 아이들 내면의 힘, 야성을 깨워 내야 한다는 것이다. 그 힘으로 밀고 나가게 하는 것이 미래 교육의 가장 중요한 요소라고 생각한다. 앞에서 그림 이야기로 시작한 건 이런 맥락이었다.

수진 교사로서 아이들이 한 달 만에 저런 변화를 이뤄 냈다는 것이 믿어지지 않는다. 이런 이야기들이 야성과 어떤 관련이 있는지, 도대체 야성의 의미가 뭔지 좀 명확하게 설명해 주시면 좋겠다.

광필 '야성'의 의미를 거듭 질문하시니… 굳이 말로 풀어 보자면 '길들여지지 않은 본연의 생명력' 정도라고 할까? 직관적으로 와 닿는 느낌이라 말로 설명하기가 어렵지만, 교육과 관련된 모든 철학과 방법론, 교육 행위 전체를 관통하는 주제가 되어야 한다는 생각이다.

야성이란 키워드로 모든 것이 연결된다는 맥락에서 좀 더 이야기를 해 보자.

아내와 동네 산책을 할 때면 보통 여섯 개 정도의 아파트 단지

를 한 바퀴 돈다. 그러면 여섯 개 이상의 놀이터를 지나가게 되는데, 저는 항상 놀이터를 유심히 본다. 미끄럼틀, 시소, 그네가 반드시 있고, 놀이터의 크기에 따라 다른 놀이기구가 몇 개 더 추가되기도 한다. 신기하게도 모든 놀이터가 디자인과 배치가 아주 조금씩 다를 뿐 거의 구분이 가지 않을 정도로 비슷비슷하다.

조금 다른 놀이터를 보자. 얼마 전 오마이뉴스에 독일의 놀이터에 대한 기사가 나왔다. 교육청의 간부 연수에서 이 사진을 보여 주었더니 간부들의 첫 반응은 "민원이 쏟아지겠다"였다. 발판이 작아서 아이들이 넘어지기 딱 좋고, 손잡이나 난간이 없어서 위험하다고 난리가 날 것 같다. 게다가 바닥이 모래이니 동물 똥

에다가 세균들이 득실거릴 텐데 어쩌려고 그러냐? 등등 거의 비슷한 걱정들이 나왔다. 하지만 지금 우리나라의 놀이터는 너무 안전한 것이 문제다. 그리고 아이들 근처에는 꼭 엄마가 있다. 어떻게 놀아도 전혀 다치지 않도록 설계된 놀이터에서 마구 뛰어노는 것에 익숙해진 아이들이 정작 놀이터를 벗어나면, 바깥은 수많은 위험에 무방비로 노출돼 있다. 그래서 지금 우리의 놀이터는 놀이터로서의 역할을 다하지 못하고 있다. 요즘 세상에 어느 정도 다치는 것은 회복이 가능하다. 독일의 놀이터에서 아이들이 놀다가 처음에는 조금 다칠 수도 있지만, 그러면서 어떻게 조심해야 하는지를 스스로 터득하지 않겠는가? 교육은 어릴 때가 중요하다.

근대화와 함께 학교 교육이 성실한 노동자를 기르겠다는 목표 하에 아이들을 '길들이는' 데에 초점을 맞추어 왔다. 거기다 우리나라는 뒤늦게 산업화를 시작하여 선진국을 추격해야 하는 상황에서 길들이기, 정답 찾기 교육은 상당한 효율성을 발휘했다. 물론 그런 교육 덕분에 여기까지 발전해 왔겠지만 아이들이 살아가야 할 미래를 준비하기에 더 이상 유효한 교육이 아님은 자명하다. 이제는 성실한 노동자를 길러 내야 할 때가 아니다. 그렇다면 인간의 어떤 능력을 길러 내야 할까? 요즘 '역량'이라는 개념이 많이 등장하고 있는데, 사실 역량이라는 개념도 성실한 노동자 양성이라는 맥락을 조금 세련되게 표현한 것에 불과하지 않을까? 지금 이 시대에 중요한 것은 아이들 내면의 힘, 야성이 아닐까?

수진 세월호 세대란 말이 나올 정도로 세월호 참사 이후로 안전에 대해 매우 예민해졌다. 그래서인지 위험 강박에 사로잡혀 더욱 통제된 상황에 아이들을 '가둬' 두려는 경향마저 있는 것 같다. 그런데 요즘 아이들에게 필요한 것은 어느 정도 위험을 감수하는 환경에서 시행착오를 통해 야성을 획득해야 한다는 뜻인가? 사실 아직도 야성이 뭔지 모르겠다. 뭔가 거칠고 날것의 파닥이는 힘이라는 느낌마저 드는데….

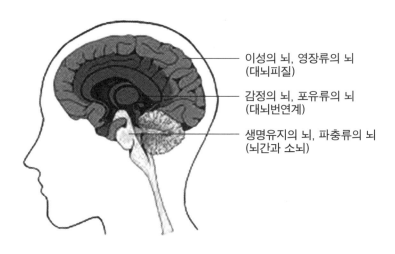

이성의 뇌, 영장류의 뇌
(대뇌피질)

감정의 뇌, 포유류의 뇌
(대뇌변연계)

생명유지의 뇌, 파충류의 뇌
(뇌간과 소뇌)

광필 그동안 강의를 할 때에도 야성이 도대체 어떤 의미인지 질문을 많이 받았다. 그만큼 야성이란 말이 내가 말하고자 하는 바를 다 담지 못하는 단어일지도 모른다. 사실 야성이란 단어로 표현하고 있지만, 지금 말하고 있는 것들은 아이들을 만나면서 직관적으로 느꼈던 부분들이다. 그래서 말로 표현하기 더 어려운 것일지도 모르겠다.

지금까지 아이들을 만나면서 내가 직관적으로 느꼈던 부분들을 최근 뇌 과학자들이 설명했다. 인간의 뇌는 3부분으로 구성되어 있다. 생존과 본능을 관장하는 파충류의 뇌(뇌간과 소뇌), 감정을 관장하는 포유류의 뇌(대뇌변연계), 그리고 논리와 이성을 관장하는 영장류의 뇌(대뇌피질)로 되어 있다는 것이다.

뇌의 발달 과정을 연구한 학자들에 의하면 파충류의 뇌가 발달한 만큼 포유류의 뇌가 발달하고, 또 포유류의 뇌가 발달한 만큼 영장류의 뇌가 발달한다고 한다. 바로 이 부분에서 우리나라 조기 교육의 문제가 그대로 드러난다.

우리 아이들은 유아기부터 시작해서 초등학교 입학도 전에 대뇌피질을 자극하는 한글과 숫자 교육에 시달린다. 타고난 야성과 엄청난 호기심으로 손과 발을 움직여 새로운 세상을 탐색하고, 그만큼 파충류의 뇌와 포유류의 뇌를 발달시켜야 할 아이들은 이런 자극에 어떻게 대응할까? 부모의 세련된 길들이기에 잘 적응한 듯이 보이는 일부 아이들은 '착실하게' 모범생이 되어 대학을 가겠지만, 정작 열정과 힘을 쏟아야 할 때에 뒷심이 부족해 더 나아가지 못한다. 다수의 아이들은 학원 뺑뺑이와 학습지에 시달리면서 저항을 꿈꾼다. 개기는 것이 막히면 뺀질거리거나 무기력으로 대응한다.

이우학교에서는 아이들이 중학교 1학년 입학할 때부터 고3까지 6년 동안의 성장 과정을 지켜본다. 1기 졸업생은 31살이 되었다. 또, 이우학교에서는 부모 상담이 활발한 만큼 어린 시절 양육과정에 대한 이야기도 많이 듣는다. 그러다 보니 전 생애에 걸쳐 긴 호흡으로 소위 '종단연구'를 할 수 있다. 사례 분석의 결과는 대부분 일치한다. 어린 시절 조기 교육에 시달린 아이들은 다양한 방식으로 저항을 하거나 지체 현상을 보인다. 그런데 부모와 교사가 문제의 본질을 인식하고 함께 공을 들이면 오랜 시간이 걸리더라도 자신의 모습을 찾아간다. 그러나 서로 문제를 보는 관점이 다르고 해결하려는 방향이 엇갈릴 때는 아이는 본래의 자신으로부터 점점 멀어져 간다.

모든 아이들이 성실하면 안 된다?

수진 지금 가정과 학교 모두 아이들의 야성을 갉아먹는다는 말이 공감이 되어 가슴이 아프다. 동시에 이미 야성이 상실된 아이들이 어떻게 야성을 회복할 수 있을지도 궁금하다. 30cm의 병 속에 한 번 갇힌 벼룩은 병뚜껑이 사라진 후에도 더 이상 30cm 이상 뛰어오르지 않는다고 하는데… 또 야성이 사라진, 소위 길들여진 아이들이 수업하기는 얼마나 편한가? 대부분의 선생님이 그런 아이들을 더 좋아한다.

광필 그렇다. 매년 2월 초 반 편성을 할 때쯤 되면 학교에 묘한 긴장감이 감돈다. 공식적으로 말은 안 하지만 '혹여나 저놈이 우리 반에 오면 안 되는데…', '쟤까지는 감당할 수 있을 것 같지만 ○○이는 감당하기 힘들겠는데…' 이런 생각들이 교사들 마음속에 번뇌처럼 들락거린다. 그런데 이런 평가를 듣는 아이들, 소위 야성이 넘치는 아이들이 중요하다.

그 녀석들만 없으면 학급에 평화가 실현되고, 덩달아 물드는 다른 녀석들도 줄어들 것 같다. 그래서 사건 사고가 생기면 교육적 대응보다는 출석 정지나 전학을 통해 순진한 대다수의 아이들과 분리시키는 방법을 택한다.

초점을 다시 정리해 보자. 아이들 중에 야성이 넘치는 아이와 부족한 아이가 따로 있는 것은 아니다. 모든 아이들은 야성을 타고난다. 사회가, 학교가, 가정이, 어른들이 그 내면의 힘을 억누르거나 일그러뜨리면서 아이들을 길들여 왔다. 야성은 완전히 사라지는 것이 아니라 위축되거나 잠재돼 있는 것이다.

학교에서 사고 치는 아이들이 있지만, 사고 치는 아이는 그렇게 걱정할 필요가 없다. 문제는 이러지도 저러지도 못하고 깨갱하고 있는 다수의 아이들이 문제다. 겉보기에 얌전하고, 성실해서 당장은 좋지만 10~20년 후 불확실한 앞날을 어찌 살아갈지 걱정이다. 이런 아이들을 깨워 내기 위해서는 우선, 소뇌와 대뇌변연계의 기능이 활성화될 수 있도록 아이들의 전두엽을 너무 혹사시키지 말아야 한다. 정규 일과 속에서 자신이 좋아하는 일, 잘하는 일을 탐색할 시간을 줘야 한다. 그래야 무엇을 하며 살아갈지 내적 동기가 형성되고 자존감도 고양되지 않을까?

둘째, 몸의 감각과 리듬감을 일깨우고, 감수성을 기를 수 있도록 문예체 교육을 강화해야 한다. 축제나 체육대회, 예술제 등 다양한 행사를 스스로 기획하고 진행하면서 기획력, 갈등 해결 능력, 다양한 실무 능력도 기르고, 주변 사람들로부터 인정받는 기회를 준다면 더욱 효과적일 것이다.

셋째, 농사, 원예, 캠핑, 등산, 낚시 등 자연의 정기를 받고 몸의 감각을 일깨울 기회를 줘야 한다. 이런 일을 하다 보면 마음의 상처도 치유되고, 소뇌와 대뇌변연계의 기능이 회복될 수 있다.

넷째, 모든 아이들을 교사가 자신의 잣대로 평가하지 말고 있는 그대로 수용해야 한다. 무기력한 아이, 심리적으로 위축되어 있는 아이일수록 그 아이가 좋아하는 일, 잘하는 일을 면밀히 살피고 그것에 대해 관심을 표명하며 긍정적 피드백을 해줄 필요가 있다. 그래야만 그 아이의 내면에 억눌려 있던 에너지가 밖으로 뿜어 나올 수 있기 때문이다.

일반 학교가 이런 준비가 안 돼 있는 상황에서 이런 아이들을 전환학교에 보내는 것도 한 방안이다. 전환학교로는 오디세이학교(서울), 꿈틀리 인생학교(강화도), 열일곱 인생학교 등이 있다.

한편 야성이 넘치는 아이들의 역할이 중요하다.

야성이 넘치는 아이들에는 두 유형이 있는데, 그 하나는 내적 동기와 넘치는 에너지, 감수성, 공감 능력을 갖추고 인간에 대한 원초적 신뢰가 있는 아이들이다. 이들은 교육과정 운영이나 건강한 학생문화 형성에서 중요한 파트너다. 다른 하나는 사건 사고를 일으키는 아이들이다. 이 아이들로 인해 발생한 갈등과 문제를 풀어 나가면서 그 주변의 아이들을 함께 성장시키는 게 중요하다.

문제는 그런 아이들을 '어떻게' 감당해 내느냐다. 물론 여기서 예외로 해야 할 경우가 있다. 워낙 상처가 깊거나 심리적 장애로 인해 병원에 가야 할 아이들이 있다. 그 경우도 의학적 처방으로만 해결할 것이 아니라 학교의 기준을 갖는 것이 중요하다. 근래 학교의 생활지도를 치안적 접근으로 대체하는 것도 문제지만 병원과 상담실로 그 역할을 넘기는 것도 경계해야 한다. 지금보다는 '교육적' 접근으로 중심을 잡고 그 역할도 강화해야 한다.

일단 교사가 머리로 위와 같은 접근을 이해했다고 치자. 교사는 야성 넘치는 아이를 대할 때 그윽한 표정으로 바라봐 주고 친절하게 대화도 하려고 노력한다. 하지만 속으로는 여전히 이 아이가 부담스럽고 피하고 싶은 마음을 완전히 떨쳐 내기가 어렵다. 문제는 이런 상태를 그 아이는 귀신같이 알아차린다는 점이다. 파충류의 뇌가 발달해서 본능적으로 상대의 호감과 적의를 구별할 줄 안다. 여전히 꼰대 기질을 극복하지 못하고 자신의 기준으로만 아이들을 평가하는 교사들도 있지만, 많은 교사들이 시행착오를 거듭한 끝에 이 단계를 넘는 데에 5~10년이 걸린다. 나 역시 그 아이들의 도움으로 겨우 깨우쳤다.

　혹시 사건 사고를 일으킨 자녀를 둔 부모는 가해자의 부모로
서 눈치만 볼 것이 아니다. 내 아이의 일그러진 인정욕구를 헤아
리고, 이번 기회에 아이가 어떻게 바르게 성장할 수 있을까 하는
마음으로 임해야 한다. 피해자 부모들은 '저 아이 때문에 우리
아이가 깨어날 수 있구나' 하는 마음으로 아이들을 그윽한 눈으
로 바라봐야 한다. 그러다 보면, 정말 놀랍게도 아이들의 역동적
인 변화를 보게 된다. 부모들 문화도 덩달아 바뀌기 마련이다.

3. 아이의 야성을 장기 기획으로 성장시키려면

수진 아이들 내면의 야성을 키워야 한다는 데에 전적으로 동의하지만 '꼰대'의 단계를 넘어서는 일 또한 쉽지만은 않을 것 같다. 구체적으로 손에 잡히는 것이 없으니 말씀을 들을 때만 잠시 혹하는 것 같다.

광필 그래서는 안 된다. 말이 말로만 끝나서는 아무 의미가 없지 않겠는가? 구체적인 사례를 또 하나 들어 보겠다. 어느 여고에서 있었던 일인데 저의 관점에 맞춰 조금 각색을 해서 말씀드리겠다.

알다시피 여학생이라고 모두 양순하거나 모범생은 아니다. 그들 중에도 소위 '껌 좀 씹는 애들'이 꽤 있다. 이 학교에서 연이어 문제를 일으킨 '선수'들이 학생부에 또 끌려오자 학생부장은 고민이 이만저만이 아니었다. 이번엔 정학 이상이 나올 사안인데, 그래 봐야 쉬는 동안 밖에서 더 사고를 칠 테고 반성문은 몇 번을 써도 변화가 없을 게 뻔해 어찌해야 할지 고민이었다.

학생부장은 다른 접근을 해 보기로 했다.

"내가 제안하는 걸 잘 수행하면 그것으로 징계를 대신하도록 하마."

그러자 아이들은 눈빛이 달라지며 일단 무조건 좋다고 한다.

"너희 힘으로 학교 앞에 있는 어려운 가게들 중 하나를 보름 내에 살려 내는 미션인데, 할 수 있겠니?"

이럴 때 아이들의 머리는 굉장히 빨리 돈다. '보름 동안은 학교 수업을 안 해도 되고 반성문을 안 써도 될 테고, 게다가 엄마가 불려오지 않아도 되겠구나' 하는 생각이 번득인다. 망설일 이유가 없다.

"당장 오늘부터 하겠습니다." 그래야 수업을 안 들어도 되니까. 아이들이 학교 앞으로 나선다. 아이들이 가고 싶은 곳은 깨끗하고 세련된 화장품 가게나 핸드폰 대리점 같은 곳인데, 그런 곳을 보름 만에 바꿔 낼 궁리가 쉽지 않다. 보름 내에 반전이 있으려면 어쩔 수 없이 상태가 가장 좋지 않은 곳을 찾아야 한다. 고심 끝에 고른 곳이 할머니가 운영하고 있는, 학교 역사만큼이나 오래된 떡볶이 집이다.

아이들은 징계 대신이라는 궁색한 스토리는 빼고, 할머니의 떡볶이 집을 살려 내는 좋은 일을 해 보겠다고 그럴싸하게 호언을 했다. 아이들의 말이 그리 신뢰가 가는 것은 아니지만, 가게를 접을지 말지 망설이던 할머니 입장에서는 마다할 처지가 아니다. 아이들은 청소부터 시작했다. 고릿적 물건을 비롯해 할머니가 버리지 않고 쌓아 둔 온갖 잡동사니를 버리는 것이 제일 큰일이었다. 여학생 힘으로는 감당이 안 되는 물건을 들어낼 때는 덩치 큰 남학생을 불러오기도 했다. 청소를 해 놓고 보니 삭아 내린 간판이 눈에 걸린다.

최대한 돈을 아끼느라 현수막에 감각을 살려 '썸씽 떡볶이'라는 상호를 써 넣었다. 메뉴도 문제다. 몇십 년 묵은 메뉴를 고집하는 할머니를 설득하기 위해 학교 친구들에게 설문을 돌려 떡볶이 집 최악의 메뉴와 최고의 메뉴를 각각 조사했다. 그러고는 교실을 찾아다니며 홍보를 했다. 말로 안 되면 힘으로라도 할 아이들이 아닌가? 선생님까지 회유해서 고객으로 만들었다. 이렇게 보름이 지나자 떡볶이 집의 매출이 껑충 올랐다. 당사자인 문제 학생들은 물론이고 선생님도 이 결과에 놀라고 뿌듯한 마음을 감출 수가 없었다.

그런데 예기치 않게 주변의 일부 상인들로부터 볼멘소리가 들려왔다. 이에 학교는 잠시 당황했지만 이 사례를 대학 수시 전형과 연결시키면 좋겠다는 생각을 하게 되었다. 학교는 이른바 '노는 아이들'을 일깨웠던 동네 가게 살리기 프로젝트를 전교생에게 확대하기로 한 것이다. 학생들이 직접 안을 내고 스스로 팀을 모아 방과 후에 활동을 하도록 했다. 소도시에서는 고등학생들이 수능으로 대학을 가기보다는 수시에 더 집중하는 편이다. 특히 정보나 문화적 인프라가 부족해 활동 내용도 부실할 수밖에 없던 소도시 학교에서 이 일은 여러모로 좋은 기회가 되었다.

고등학생들에게는 방과 후 시간이 제한적이라 이 프로젝트가 그다지 확대되지는 못했다. 최근에는 정규 교과 수업에서 이런 프로젝트 활동을 시도하게 되었다. 실제로 예전에 비해 교과 운영의 융통성이 증가했음에도 불구하고 관행에 매여서 변화를 시도하지 못하고 있는 게 아닌가 싶다. 사실 일반고의 많은 학교에서 몇몇 아이들을 제외하고는 대부분의 아이들이 학교에서 충분한 휴식과 수면을 취하고, 저녁에 여러 활동들을 한다. 거리에서, PC방에서, 자신의 컴퓨터와 함께 아주 바쁘게 보낸다. 변화의 계기가 필요하다.

떡볶이 집 프로젝트를 다시 보자.

문제의 학생 K는 프로젝트가 끝난 뒤 할머니 눈에 들어 떡볶이 집 알바를 시작했다. 할머니를 졸라 떡볶이 요리법을 배우다 보니, 친구들 취향에 맞춘 새 메뉴도 개발하게 되었다. 방학이 되면서 본격적으로 주방 일에 뛰어들었는데, 할머니가 넌지시 운을 뗀다.

"사실 가게를 접으려 했는데 너희 덕에 되살아났단다. 올해까지 나랑 동업하다가 아예 네가 맡지 않으련?"

K의 삶에서 이런 뿌듯함은 처음 느껴 보는 일이었다. 너무 좋았다. 내친김에 서울의 소문난 떡볶이 집을 찾아다니며 레시피 개발에도 열성을 기울였다. 다음 해에는 학교 추천으로 창업경진대회에 나가서 상도 받았다. 그런데 막상 가게를 인수해 운영하려니 모르는 것이 너무 많았다. 상업 시간에 잠만 잔 것이 후회

가 되었다. 때늦게 부기 교재를 사서 공부를 하다가 선생님을 찾았다. 상업 시간뿐만 아니라 지나간 영어 시간, 국어 시간이 다 아쉽게 여겨졌다.

K에게 무슨 일이 일어났던 걸까?

그 과정에서 학교는, 선생님은 어떤 역할을 한 것일까?

K는 그동안 늘 억울하다고 생각했다. 술주정 부리는 아빠와 생활고에 지친 엄마, 밤마다 되풀이되는 부모의 싸움…. 집에 들어가기 싫어서 밤늦게 배회하다 보니 그 세계에 물든 선배들과 어울리며 달리 돌파구 없이 여기까지 오게 되었다. 안에서 부글거리는 것이 많다 보니 겁이 없어졌다. 선배나 친구들도 알아주는 '깡다구'가 되었다. K가 떡볶이 집 프로젝트에 참여하기까지는 이런 사연이 있었다.

처음엔 정학이나 면해 볼 생각이었는데, 갈수록 요리가 재미있고 장사에 소질 있다는 소리도 듣게 되고 마침내 할머니가 가게를 믿고 맡기기까지 한다. 선생님은 만날 때마다 반기면서 진로 상담을 하고, 요리 선배들은 제 일처럼 꼼꼼하게 챙겨 준다. 마음속에서 늘 꿈틀대던 분노가 어느새 가라앉은 것 같다. 일을 배우겠다고 찾아오는 친구나 후배를 만나면 정말 내가 아는 것을 다 챙겨 주고 싶다. 만나는 사람마다 얼굴이 달라졌다고 한다. 내가 왜 이렇지?

이런 K의 변화 뒤에는 늘 그렇듯이 '보이지 않는 손'이 있다. 학생부장은 겉으로 드러난 아이들의 잘잘못을 따지기보다 아이들 내면의 힘, 야성을 어떻게 깨울 것인가를 고민했다. 그 과정은 긴 시간의 기다림과 많은 사람들의 따뜻한 손길을 만나서 가능했다.

학교에서는 입시에 맞추어 상투적인 교과 시간표를 배치하는 방식이 아니라 과감하게 교과의 벽을 뛰어넘고, 학교 울타리를 벗어났다. 그렇다면 야성을 길러 주는 교사의 역할은 무엇일까? '학생이 자기 혼자 다 한 것만 같은 느낌'을 갖게 하면서 뒤에서 보이지 않는 손이 되어 주는 것이다. 그런데 그 과정에서 교사의 변화, 학교의 변화 또한 어마어마하다. 아이가 깨어나기 시작하면 그것이 지속되고 발전되도록 돕고 자극하는 건 어렵지 않다. 이제는 전통적인 교육과정에 아이들을 맞출 것이 아니라 학교의 교육과정이 아이들 내면의 힘, 야성을 키우는 데 봉사해야 한다. 그들의 성장을 긴 호흡으로 바라보고, 단계에 맞게 기획을 하고, 자극을 하는 것이 핵심이다. 그것이 우리 교육의 미래, 아이들의 미래를 준비하는 길이다.

여기서 '장기적 기획'의 다른 측면이 있다.

교사나 학부모는 아이가 어려서부터 모든 상황에서 성실하게 잘하는 것이 쌓여 결국 훌륭한 어른으로 성장하리라는 기대를 한다. 하지만 이는 '성실한 직장인', '성실한 노동자'를 요구하는 시대에나 어울린다. 이러한 자세는 늘 누군가의 지시에 따라 움직이고, 타인의 눈치를 살피며 살아가는 삶이 아닌지 돌아보아야 한다. 지금의 10대들이 살아갈 시대는 내면의 힘, 야성을 키워야 한다. 그러기 위해서는 짜인 대로 성실하게만 살 것이 아니라, 실패를 두려워 말고 다양한 경험에 도전하여 부닥치는 시행착오가 더없이 중요한 자산이 된다.

아이들의 도전을 가로막는 큰 장벽은 교사나 학부모가 평가자로서, 모든 일에 시시비비를 가리려 덤비는 것이다. 오히려 버팀목, 디딤돌이 되면 어떨까? 그리고 가장 중요하게는 10년, 20년의 긴 호흡으로 발달단계에 맞게 아이를 자극할 기획에 집중하는 것이다.

4. 학교가 핵심 질문과 개념을 중심으로 학생의 성장을 기획하려면

수진 교사가 어떤 역할을 해야 하는지 좀 알 것 같다. 그런데 야성을 강조하다 보면 교육과정에서 활동만 강조하는 것이 아닌가 하는 염려가 든다. 그렇게 해서는 아이들의 잠재력 중 일부만 계발되는 것이 아닐까?

광필 지난 10여 년 동안 학교에서 각종 체험활동이 확대되었다. 잠들어 있는 아이들을 깨우기 위해선 활동이 중요한 것은 맞다. 이렇게 밖으로만 돌다 보면 발심은 할 수 있을 것이다. 하지만 그 이상으로 나아가지 못하게 되면 결국 발심조차도 시들해질 수밖에 없다.

낚시를 예로 들어 설명해 보자.

다음 사진은 2014년 첫 장마, 댐 오름 수위 때 충주댐 서운리에서 청지렁이 미끼로 낚아 올린 43cm 토종 붕어다. 때마침 고생하신 분에게 보약으로 달여 드렸다. 나는 1990년에 처음 낚시를 시작했다. 당시 노동운동을 하다 수배를 받고 있는 상태에서 지역조직을 통합하는 역할을 맡았다. 그런 일을 수행하기에 낚시꾼만 한 게 없다. 원주 저수지에 텐트를 치고 짬짬이 낚시를 하면서 태백팀, 춘천팀, 원주팀 등등의 전국 조직을 만났다. 그러다 보니 떡 본 김에 제사 지낸다고, 나도 모르게 낚시에 재미를 붙였다. 낚시꾼들은 허풍도 세지만 남 가르치는 것을 무척 좋아하는데, 나는 낚시터에서 몇십 년 된 고수들에게 낚시를 배웠다. 그분들이 설명하는 방식은 비슷하다.

"비가 오기 전에는 고기가 물질 않아. 비가 오기 시작하면 그때부터 입질을 하지." 그분은 몇십 년에 걸친 많은 시행착오 끝에 그런 지식을 얻었다. 나는 그 말을 듣고 고등학교 물리, 지구과학, 생물 시간에 배운 개념으로 해석을 한다.

　왜 붕어가 비 오기 전에 입질을 하지 않을까? 비가 오기 전은 저기압이고, 비가 오기 시작하면 기압이 조금씩 올라간다. 붕어는 기압 자체를 느끼지는 못한다. 오직 측선으로 기압이 더해진 수압을 느낀다. 붕어 입장에서는 수압이 낮아지면 물이 빠진다고 느껴 수심이 깊은 안전한 곳으로 가서 가만히 머문다. 반대로 수압이 높아지면 물이 불어난다고 느껴 낮은 수심으로 나와 활발히 먹이를 먹는다. 이렇게 고등학교 과학 시간에 익힌 개념을 활용해서 짧은 시간에 노하우를 익히고, 이후 경험을 더해서 강우에 따른 붕어 포인트를 선정하는 데까지 응용한다. 여기서 더 나가면 봄비와 가을비가 다르고, 보슬비와 폭우의 차이 등등 이

야깃거리가 많지만 여기서는 이 수준에서 생략하기로 하자.

　다시 본론으로 돌아가서, 낚시를 좋아하고 열심히 할 수는 있다. 그러나 몇십 년을 경험해야만 고수가 될 수 있는 것은 아닌 것 같다. 마찬가지로 아이들의 활동과 발심이 중요하지만 그 활동의 경험을 해석하고, 사물과 세상의 원리를 이해하여 삶의 문제를 해결하는 데 적용할 수 있는 능력을 갖추어야 한다. 그래야 남의 지시를 받는 처지에서 벗어나 스스로 혹은 함께 세상과 마주할 수 있다.

　지금 학교는 시시콜콜 너무 많은 것을 가르치려 한다. 입시를 위한 개념과 원리를 가르치는 데 지나치게 집중하고 있다. 본말이 바뀌어도 한참 바뀌었다. 위키피디아나 네이버 지식인에 있는 지식은 당장 스마트폰으로 찾아보면 된다. 정작 중요한 것은 예측 불가능한 미래 사회에서 맞닥뜨리게 될 낯선 환경과 조건을 뚫고 갈 수 있는 능력을 갖추는 것이다. 그것은 의지와 함께 수준 높은 능력을 요구한다.

5. '성실한 직장인'이 아니라 '각성된 시민'으로 키우려면

지금까지 내면의 힘과 야성, 그리고 아이의 장기적 성장을 기획하고 자극하는 학교의 역할을 다루었다. 아이의 미래를 준비하는 데 야성과 더불어 양대 축으로 고민하고 강조해야 할 것은 '각성된 시민'을 키우는 일이다.

수진 지금까지 각성된 시민을 키우기 위한 노력이 없지는 않았을 것이다. 노력만큼 잘되지 않았을 수는 있지만. 그러나 지난해의 촛불 광장을 보면 청소년들이 예상했던 것보다 훨씬 생각이 깊고 성숙해 있다는 느낌을 받는다. 그런데 미래 사회에는 왜 더욱더 각성된 시민이 필요한 것일까?

광필 혁신학교를 중심으로 많은 학교들이 교문 앞에 멈춘 민주주의를 학교 안으로 끌어들이고 있으며, 경기도를 비롯한 여러 교육청이 이를 지원하려고 노력했다. 학생자치를 강화하고, '민주시민교육'이라는 교과서와 교육과정도 만들었다. 교사들 연수도 많이 했다. 그래도 별 효과가 없었다. 그런데 엉뚱하게도 2016년 가을과 겨울 사이에 최순실과 박근혜의 국정농단이 아이들을 한방에 깨웠다. 그 과정을 찬찬히 돌아보자.

지금은 다들 세상이 바뀐 게 당연한 것처럼 여기지만 적어도 몇 번의 위기가 있었다. 광장에 모인 시민들이 방향을 잡으면 여의도의 정치인들이 허겁지겁 타협점을 만들어 수습하려 한다. 그러면 다시 토요일에 광장의 시민들이 제자리로 돌려놓고, 조금 더 세게 밀고 간다. 그러면 또다시 여의도에서 그 수준에 맞춘 수습책을 마련하여 타협하려 한다. 그러기를 몇 번 거듭했다. 결국 광장에 나온 각성된 시민의 힘으로 소수 정치인과 권력자들의 야합을 막고 현재의 대한민국을 만들었다. 너무 형편없는 수준의 최씨와 박씨였기에 그나마 시민들의 각성과 대응이 가능했다. 만약 그들이 터무니없이 굴지 않고 노련하게 대응했다면, 참으로 우려스러운 상황을 맞을 수도 있었다.

미래에는 일국에 머물지 않고, 전 지구적 고민과 대응을 해야 한다. 과학기술을 무기로 하여 자본과 권력이 실리콘밸리의 소수 엘리트에게 집중될 수 있다. 따라서 그에 맞서는 시민의 힘이 무엇보다 중요하다. 미래의 시민인 아이들을 학교에서 어떻게 준비시킬 것인가가 우리의 과제다. 그런 점에서 학교 교육의 한계를 절감한다.

수진 저도 지금까지의 학교 교육이 각성된 시민을 길러 내는 교육이라고 생각하지 않는다. 그렇지만 왜 그런 한계를 느꼈는지 궁금하다.

광필 조금 더 넓은 시각에서 접근해 보자. 지난 100년 동안 학교의 역할은 무엇이었나? 현란한 수사를 걷어 내고 나면 학교의 역할은 '성실한 직장인'을 양성하는 것이었다. 기술과 사회구조의 발달에 따라 다양하고 질 높은 노동을 감당할 노동자가 요구된다. 최근에는 기술과 사회 변화를 쫓아가지 못해 학교에 대한 불만이 쏟아지고 있지만 오랫동안 학교는 그런 역할을 감당해 왔다. 그래서 현재와 같은 성취를 이루었다고 할 수 있다.

　그러나 아이들이 감당해야 할 미래 사회의 모습은 그 성격이 완전히 다르다. 학교에서 훈련된 아이들이 로봇과 인공지능과의 경쟁에서 이길 수 없고, 대다수가 실업 상태에 처한다. 구매력이 뒷받침되지 않는 과잉생산이 지속가능하지 않으니, 기본소득이 확대된다. 먹고사는 문제는 해결되었지만 '인간은 무엇으로 사는가?'를 고민해야 한다.

앞서 칼럼에서 다루었던 '강한 인공지능을 허용할 것인가?' 또는 '경제적 불평등이 생체 불평등을 초래하는 유전자 조작을 허용할 것인가?' 등 소수의 기술 주도 엘리트가 던지는 많은 난제들을 감당해야 한다. 이를 감당 못할 때 아이들의 미래, 인류의 미래는 앞에서 언급했듯이 인디언 보호구역에서 술, 도박, 마약에 찌든 인디언의 실상을 반복할 수 있다.

수진 소수의 기술 주도 엘리트에게 휘둘리지 않기 위해서 아이들을 각성된 시민으로 키워 내야 한다는 말이 공감된다. 그런데 어떻게 길러 낼 것인가?

광필 이우학교에서의 구체적인 실례를 통해 접근해 보자.

다음 사진은 이우학교에서 하는 '좋은 수업 만들기' 장면이다. 2003년 개교 때부터 이우학교에서는 학기가 끝나면 아이들로부터 수업에 대한 피드백을 받았다. 몇 년 후 학생회장 선거를 하는데, 한 당에서 이런 공약을 내걸었다. 참고로 얘기하면 이우학교는 후보가 정당을 토대로 선거를 준비한다.

"학기 끝나고 피드백 받아서 수업을 개선하면 어차피 우린 이미 수업 다 들은 뒤 아니냐? 그러니 학기 중간에 수업에 대해 이야기하는 시간을 갖자!"

그런 공약을 내건 당이 선거에서 이겼다. 처음엔 선생님들 사이에서 논란이 많았다. 학기 말에 수업에 대한 평가를 학생들에게 받는데, 학기 중에 직접 학생들과 수업에 대해 이야기한다는 게 불편한 것이다. 그렇지만 수업에서 아이들의 역할이 크고, 오히려 아이들의 책임을 높일 계기가 될 것이라는 기대에서 전격적으로 수용했다.

사진은 고1 영어 시간에 '좋은 수업 만들기'(이하 좋수만)를 위한 간담회 장면이다. 아이들끼리 먼저 이야기를 하고, 나중에 선생님이 들어오시면 이야기된 것들을 가지고 같이 이야기를 한다. 당연히 선생님에 대한 불만이 나올 수 있다. 과제가 너무 많다거나, 수업 내용이 너무 어렵다는 등 온갖 이야기가 나올 수 있다.

그런데 아이들끼리의 문제인 경우가 더 많다. 어떤 아이가 모둠과 제를 하는 데 무임승차를 한다든지, 매너 없이 엎드려 잔다든지 등등. 그래서 아이들 스스로 규칙을 정하게 된다. 선생님은 엄두도 못 내는 무시무시한(?) 규칙들이 많이 생겨났다. 그리고 그것을 집행하는 힘이 매우 강하다. 어쨌든 이런 과정을 통해 아이들은 일방적으로 선생님이 하는 수업을 듣는 것이 아니라 자신과 교사가 함께 만들어 나가는 수업을 경험하게 된다. 바로 그 점이 중요하다. 좋수만이 생긴 지 10년 가까이 되었다. 학생회에서는 좋수만을 위한 집행위원회가 따로 있고, 그 위원회에서 매년 아주 구체적인 지침들을 만든다. 집행위원회 위원은 학생들에게 꽤 매력 있는 자리로 매년 경합이 치열하다고 한다.

이러한 과정이 각성된 시민을 만드는 데 매우 중요한 부분이다. 남이 시키는 일을 성실히 수행하는 데만 익숙해지면 결국 길들여질 수밖에 없다. 학교에서 가장 많은 시간을 보내는 수업을 타율적으로 하는 것이 아니라, 적극적으로 발언하고 스스로 책임지게 하는 것이 중요하다.

학생에서 '각성된 시민'으로 성장하는 길은 학교 운영의 모든 부분에 걸쳐 확대되어야 한다. 학생자치의 힘이 학생회장 선거나 반장 선거에 머물지 않고, 일상적인 활동이 되어야 한다. 이우학교의 경우 학생 주도의 다양한 위원회가 있다. 가장 인기 있는 것은 역시 체육대회 준비위원회, 이어서 축제 준비위원회, 예술주

간 준비위원회, 농촌봉사활동 준비위원회 등이 있다. 한때는 과
도한 위원회 홍수로 학업에 집중할 수 있을지 우려하는 의견이
있었지만 여전히 전통이 이어지고, 또 새로운 위원회가 등장하는
것을 보면 역시 스스로 좋아서 하는 일은 못 말리는 일이 된다.

수진   학교 차원에서 각성된 시민을 길러 내는 방법에 일정 부분
납득이 간다. 그런데 솔직히 가정에서 제대로 뒷받침되지 않으면
학교에서의 노력만으로 각성된 시민을 길러 내는 것은 불가능하
지 않나?

광필 그렇다. "민주주의가 학교 교문 앞에 멈춰 섰다"는 말이 자주 나온다. 하지만 아이들에게 가장 큰 영향을 미치는 분은 선생님보다는 부모님이다. 그래서 "민주주의가 가정집 현관문, 특히 안방 앞에서 멈춰 섰다"고 말하는 것이 정확할 것이다. 옆집 아이에게는 멋진 조언을 하는 교육자이지만 자기 자식에게는 온갖 지시를 하기에 바쁜 '꼰대'이기 십상이다. 결과적으로 아이 입장에서는 잔소리지만….

특히나 조기 교육과 사교육으로 뺑뺑이를 돌면서 파충류의 뇌와 포유류의 뇌를 자극받지 못하고, 오히려 덜 자란 영장류의 뇌만 혹사당하는 아이들이 많다. 그 과정을 매니저가 되어 진두지휘하는 부모를 아이는 어떻게 이해할까? 교육 '당하는' 아이는 저항을 꿈꾸다가 끝내 좌절하여 무기력해지거나 뺀질거리다가 아예 개겨 버린다. 바로 이 대목에서 많은 부모들이 '이웃집 아줌마'나 우리 사회 전반의 생태계를 탓하다가 스스로 무기력해진다. 아이들은 20~30년 후 지금과는 전혀 다른 세상을 살아야 한다. 그리고 우리는 그런 아이들을 인디언 보호구역의 인디언이 아니라 각성된 시민으로 성장시켜야 한다.

그래서 아이들은 가족의 일원으로 책임 있는 역할을 하고, 그렇게 대접을 받아야 한다. 중학교 3학년이면 덩치는 다 컸는데 속이 비었다. 그 빈속을 부모나 선생님이 채울 수는 없다. 그 속을 채울 수 있는 것은 본인뿐이다. 아이들 입장에선 자기가 어른

이 되는 순간 감당해야 할 것이 많으니까 회피하려고 한다. 진로 문제만 놓고 봐도 뭘 하겠다고 정하게 되면 그걸 위해서 책임을 져야 하니, '아, 이건 아닌가 봐' 하면서 계속 회피한다. 그러니 아이 취급하면서 감싸 주고 채워 주려 하면 이 과정이 계속 반복된다.

그러나 어른처럼 대우하고, 집안일도 함께 의논하면 아이는 책임감을 갖는다. 그러다 보면 자기 스스로 자신의 빈속을 채우게 된다. 가정의 민주주의가 아이를 각성된 시민으로 키운다. 그렇게 우리 사회도 광장의 힘이 커진다.

학교가 모든 걸 해결할 수 없다. 교육은 가정에서도 끊임없이 이루어지고 있다.

미래의 교육도 마찬가지다.

6. 학교는 소수 엘리트가 아니라 95% 학생을 중심으로

수진 미래에는 소수 엘리트들에 의해 휘둘리며 살아갈 수 있다고 했다. 그런데 생각해 보면 지금의 학교가 1~5% 학생들을 위해 돌아가고 있지 않나? 이런 학교에서 성장한 아이들이 소수 엘리트들에 의해 휘둘리는 것은 어찌 보면 당연한 것 같기도 하다.

광필 그렇다. 현재 우리나라의 학교는 상위 5%의 아이들을 위해 모든 학교 운영이 맞춰져 있다. 학교 앞에 내거는 진학생 플래카드만이 아니다. 1등급 인원수를 위해 다수의 아이들이 듣지도 않는 강의의 들러리를 서게 한다. 고등학교 체계는 지난 20년 동안 그들의 요구에 맞추어 과학고, 외고, 영재고, 예술고, 자사고 등 누더기가 되었다. 입시제도는 더 심해서 상위 1%에 맞춰 돌아간다. 정보력과 문화자본이 뒷받침되어야 가능한 수시 제도가 경쟁적으로 늘어났다. 그런데 그동안도 문제였지만 앞으로는 더 심각해질 수 있다. 학자, 관료, 언론 등 빅마우스들이 상위 1% 아이들

과 그들의 부모를 대변한다. 사실 1~5% 아이들은 자기들이 알아서 대책을 마련할 수 있다. 정말 중요한 것은 대다수 95%의 아이들이 앞으로 어떻게 살아갈 것인지 아닐까? 그렇다면 다수인 95%의 아이들에 맞춰서 학교가 운영되어야 한다.

95% 다수의 아이들에게 필요한 것은 무엇일까?
학교가 지금처럼 '성실한 노동자'가 되도록 열심히 준비시켜 봐야 로봇이나 인공지능과의 경쟁에서 이길 수 없다. 30년 후 지금의 10대가 40대가 된 미래에는 대다수 인류가 노동으로부터 해방된 사회다. 로봇과 인공지능이 대부분의 노동을 감당한다.

높은 생산력과 다수의 실업에 따른 소비의 급격한 위축과 양극화가 심화될 텐데, 이런 문제는 기본소득제를 강화하는 방식으로 해결할 수밖에 없다. 따라서 대다수 인류가 먹고사는 문제는 상당 부분 해결될 것이다.

그러면 인간은 무엇으로 사는가?

그 해답은 인류가 그들의 할 일을 Labor가 아닌 Work에서 찾아야 할 것이다. 먹고살기 위한 것이 아니라, 자신이 원하는 것을 동료들과 함께하는 가운데 답을 찾을 수 있게 된다.

미래의 물음에 오늘의 교육은 무엇을 준비해야 할까?

주어진 과제를 성실히 수행하는 모범생을 만드는 것이 아니라 내면의 힘, 야성을 키워 주는 것. 아이의 성장을 긴 호흡으로 바라보고, 발달단계에 맞게 기획하고 자극하는 것. 아이들의 발심과 활동이 중요하지만 그 활동의 경험을 해석하고, 사물과 세상의 이치를 이해하고 적용할 수 있는 능력을 기르는 것. '성실한 직장인'이 아니라 '각성된 시민'으로 성장시키는 것에 집중해야 한다.

삶의 행복을 꿈꾸는 교육은 어디에서 오는가?

미래 100년을 향한 새로운 교육   혁신교육을 실천하는 교사들의 필독서

▶ 교육혁명을 앞당기는 배움책 이야기
혁신교육의 철학과 잉걸진 미래를 만나다!

한국교육연구네트워크 총서

 01 핀란드 교육혁명
한국교육연구네트워크 엮음 | 320쪽 | 값 15,000원

 02 일제고사를 넘어서
한국교육연구네트워크 엮음 | 284쪽 | 값 13,000원

 03 새로운 사회를 여는 교육혁명
한국교육연구네트워크 엮음 | 380쪽 | 값 17,000원

 04 교장제도 혁명
한국교육연구네트워크 엮음 | 268쪽 | 값 14,000원

 05 새로운 사회를 여는 교육자치 혁명
한국교육연구네트워크 엮음 | 312쪽 | 값 15,000원

 06 혁신학교에 대한 교육학적 성찰
한국교육연구네트워크 엮음 | 308쪽 | 값 15,000원

 07 진보주의 교육의 세계적 동향
한국교육연구네트워크 엮음 | 324쪽 | 값 17,000원

 08 더 나은 세상을 위한 학교혁명
한국교육연구네트워크 엮음 | 404쪽 | 값 21,000원

 혁신학교
성열관·이순철 지음 | 224쪽 | 값 12,000원

 행복한 혁신학교 만들기
초등교육과정연구모임 지음 | 264쪽 | 값 13,000원

 서울형 혁신학교 이야기
이부영 지음 | 320쪽 | 값 15,000원

 혁신교육, 철학을 만나다
브렌트 데이비스·데니스 수마라 지음
현인철·서용선 옮김 | 304쪽 | 값 15,000원

 혁신교육 존 듀이에게 묻다
서용선 지음 | 292쪽 | 값 14,000원

 다시 읽는 조선 교육사
이만규 지음 | 750쪽 | 값 33,000원

 대한민국 교육혁명
교육혁명공동행동 연구위원회 지음 | 224쪽 | 값 12,000원

한국교육연구네트워크 번역 총서

 01 프레이리와 교육
존 엘리아스 지음 | 한국교육연구네트워크 옮김
276쪽 | 값 14,000원

 02 교육은 사회를 바꿀 수 있을까?
마이클 애플 지음 | 강희룡·김선우·박원순·이형빈 옮김
356쪽 | 값 16,000원

 03 비판적 페다고지는
세상을 변화시킬 수 있는가?
Seewha Cho 지음 | 심성보·조시화 옮김 | 280쪽 | 값 14,000원

 04 마이클 애플의 민주학교
마이클 애플·제임스 빈 엮음 | 강희룡 옮김 | 276쪽 | 값 14,000원

 05 21세기 교육과 민주주의
넬 나딩스 지음 | 심성보 옮김 | 392쪽 | 값 18,000원

 06 세계교육개혁:
민영화 우선인가 공적 투자 강화인가?
린다 달링-해먼드 외 지음 | 심성보 외 옮김 | 408쪽 | 값 21,000원

 대한민국 교사, 어떻게 가르칠 것인가?
윤성관 지음 | 320쪽 | 값 15,000원

 아이들을 어떻게 가르칠 것인가
사토 마나부 지음 | 박찬영 옮김 | 232쪽 | 값 13,000원

 아이들의 배움은 어떻게 깊어지는가
이시이 준지 지음 | 방지현·이창희 옮김 | 200쪽 | 값 11,000원

 모두를 위한 국제이해교육
한국국제이해교육학회 지음 | 364쪽 | 값 16,000원

 경쟁을 넘어 발달 교육으로
현광일 지음 | 288쪽 | 값 14,000원

 독일 교육, 왜 강한가?
박성희 지음 | 324쪽 | 값 15,000원

 핀란드 교육의 기적
한넬레 니에미 외 엮음 | 장수명 외 옮김 | 456쪽 | 값 23,000원

▶ 비고츠키 선집 시리즈

발달과 협력의 교육학 어떻게 읽을 것인가?

 생각과 말
레프 세묘노비치 비고츠키 지음
배희철·김용호·D. 켈로그 옮김 | 690쪽 | 값 33,000원

 도구와 기호
비고츠키·루리야 지음 | 비고츠키 연구회 옮김
336쪽 | 값 16,000원

 어린이 자기행동숙달의 역사와 발달 I
L.S. 비고츠키 지음 | 비고츠키 연구회 옮김
564쪽 | 값 28,000원

 어린이 자기행동숙달의 역사와 발달 II
L.S. 비고츠키 지음 | 비고츠키 연구회 옮김
552쪽 | 값 28,000원

 어린이의 상상과 창조
L.S. 비고츠키 지음 | 비고츠키 연구회 옮김
280쪽 | 값 15,000원

 연령과 위기
L.S. 비고츠키 지음 | 비고츠키 연구회 옮김
336쪽 | 값 17,000원

 수업과 수업 사이
비고츠키 연구회 지음 | 196쪽 | 값 12,000원

 성장과 분화
L.S. 비고츠키 지음 | 비고츠키 연구회 옮김
308쪽 | 값 15,000원

 의식과 숙달
L.S 비고츠키 | 비고츠키 연구회 옮김
348쪽 | 값 17,000원

 분열과 사랑
L.S. 비고츠키 지음 | 비고츠키연구회 옮김
260쪽 | 값 16,000

 관계의 교육학, 비고츠키
진보교육연구소 비고츠키교육학실천연구모임 지음
300쪽 | 값 15,000원

 비고츠키 생각과 말 쉽게 읽기
진보교육연구소 비고츠키교육학실천연구모임 지음
316쪽 | 값 15,000원

 비고츠키와 인지 발달의 비밀
A.R. 루리야 지음 | 배희철 옮김 | 280쪽 | 값 15,000원

 교사와 부모를 위한 비고츠키 교육학
카르포프 지음 | 실천교사번역팀 옮김 | 308쪽 | 값 15,000원

▶ 창의적인 협력수업을 지향하는 삶이 있는 국어 교실

우리말 글을 배우며 세상을 배운다

 중학교 국어 수업 어떻게 할 것인가?
김미경 지음 | 340쪽 | 값 15,000원

 토론의 숲에서 나를 만나다
명혜정 엮음 | 312쪽 | 값 15,000원

 토닥토닥 토론해요
명혜정·이명선·조선미 엮음 | 288쪽 | 값 15,000원

 어린이와 시
오인태 지음 | 192쪽 | 값 12,000원

 이야기 꽃 1
박용성 엮어 지음 | 276쪽 | 값 9,800원

 이야기 꽃 2
박용성 엮어 지음 | 294쪽 | 값 13,000원

 인문학의 숲을 거니는 토론 수업
순천국어교사모임 엮음 | 308쪽 | 값 15,000원

수업, 슬로리딩과 함께
박경숙·강슬기·김정욱·장소현·강민정·전혜림·이혜민 지음
268쪽 | 값 15,000원

▶ 남북이 하나 되는 두물머리 평화교육

분단 극복을 위한 치열한 배움과 실천을 만나다

 10년 후 통일
정동영·지승호 지음 | 328쪽 | 값 15,000원

 분단시대의 통일교육
성래운 지음 | 428쪽 | 값 18,000원

 선생님, 통일이 뭐예요?
정경호 지음 | 252쪽 | 값 13,000원

 김창환 교수의 DMZ 지리 이야기
김창환 지음 | 264쪽 | 값 15,000원

▶ 4·16, 질문이 있는 교실 마주이야기
통합수업으로 혁신교육과정을 재구성하다!

통하는 공부
김태호·김형우·이경석·심우근·허진만 지음
324쪽 | 값 15,000원

내일 수업 어떻게 하지?
아이함께 지음 | 300쪽 | 값 15,000원
2015 세종도서 교양부문

인간 회복의 교육
성래운 지음 | 260쪽 | 값 13,000원

교과서 너머 교육과정 마주하기
이윤미 외 지음 | 368쪽 | 값 17,000원

수업 고수들 수업·교육과정·평가를 말하다
박현숙 외 지음 | 368쪽 | 값 17,000원

도덕 수업, 책으로 묻고 윤리로 답하다
울산도덕교사모임 지음 | 320쪽 | 값 15,000원

체육 교사, 수업을 말하다
전용진 지음 | 304쪽 | 값 15,000원

교실을 위한 프레이리
아이러 쇼어 엮음 | 사람대사람 옮김 | 412쪽 | 값 18,000원

마을교육공동체란 무엇인가?
서용선 외 지음 | 360쪽 | 값 17,000원

학교생활기록부를 디자인하라
박용성 지음 | 268쪽 | 값 14,000원

교사, 학교를 바꾸다
정진화 지음 | 372쪽 | 값 17,000원

함께 배움
학생 주도 배움 중심 수업 이렇게 한다
니시카와 준 지음 | 백경석 옮김 | 280쪽 | 값 15,000원

공교육은 왜?
홍섭근 지음 | 352쪽 | 값 16,000원

자기혁신과 공동의 성장을 위한
교사들의 필리버스터
윤양수·원종희·장군·조경삼 지음 | 280쪽 | 값 14,000원

함께 배움 이렇게 시작한다
니시카와 준 지음 | 백경석 옮김 | 196쪽 | 값 12,000원

함께 배움 교사의 말하기
니시카와 준 지음 | 백경석 옮김 | 188쪽 | 값 12,000원

미래교육의 열쇠, 창의적 문화교육
심광현·노명우·강정석 지음 | 368쪽 | 값 16,000원

주제통합수업, 아이들을 수업의 주인공으로!
이윤미 외 지음 | 392쪽 | 값 17,000원

수업과 교육의 지평을 확장하는 수업 비평
윤양수 지음 | 316쪽 | 값 15,000원
2014 문화체육관광부 우수교양도서

교사, 선생이 되다
김태은 외 지음 | 260쪽 | 값 13,000원

교사의 전문성, 어떻게 만들어지나
국제교원노조연맹 보고서 | 김석규 옮김 392쪽 | 값 17,000원

수업의 정치
윤양수·원종희·장군 지음 | 280쪽 | 값 14,000원

학교협동조합,
현장체험학습과 마을교육공동체를 잇다
주수원 외 지음 | 296쪽 | 값 15,000원

거꾸로교실,
잠자는 아이들을 깨우는 수업의 비밀
이민경 지음 | 280쪽 | 값 14,000원

교사는 무엇으로 사는가
정은균 지음 | 292쪽 | 값 15,000원

마음의 힘을 기르는 감성수업
조선미 외 지음 | 300쪽 | 값 15,000원

작은 학교 아이들
지경준 엮음 | 376쪽 | 값 17,000원

감성 지휘자, 우리 선생님
박종국 지음 | 308쪽 | 값 15,000원

대한민국 입시혁명
참교육연구소 입시연구팀 지음 | 220쪽 | 값 12,000원

교사를 세우는 교육과정
박승열 지음 | 312쪽 | 값 15,000원

전국 17명 교육감들과 나눈
교육 대담
최창의 대담·기록 | 272쪽 | 값 15,000원

들뢰즈와 가타리를 통해
유아교육 읽기
리세롯 마리엣 올슨 지음 | 이연선 외 옮김 | 328쪽 | 값 17,000원

교육과정 통합, 어떻게 할 것인가?
성열관 외 지음 | 192쪽 | 값 13,000원

 학교 민주주의의 불한당들
정은균 지음 | 276쪽 | 값 14,000원

 동양사상에게 인공지능 시대를 묻다
홍승표 외 지음 | 260쪽 | 값 15,000원

 교육과정, 수업, 평가의 일체화
리사 카터 지음 | 박승열 외 옮김 | 196쪽 | 값 13,000원

 학교 혁신의 길, 아이들에게 묻다
남궁상운 외 지음 | 272쪽 | 값 15,000원

 학교를 개선하는 교장
지속가능한 학교 혁신을 위한 실천 전략
마이클 풀란 지음 | 서동연·정효준 옮김 | 216쪽 | 값 13,000원

 프레이리의 사상과 실천
사람대사람 지음 | 352쪽 | 값 18,000원

 공자뎐, 논어는 이것이다
유문상 지음 | 392쪽 | 값 18,000원

 혁신학교, 한국 교육의 미래를 열다
송순재 외 지음 | 608쪽 | 값 30,000원

 교사와 부모를 위한
발달교육이란 무엇인가?
현광일 지음 | 380쪽 | 값 18,000원

 페다고지를 위하여
프레네의 『페다고지 불변요소』 읽기
박찬영 지음 | 296쪽 | 값 15,000원

 교사, 이오덕에게 길을 묻다
이무완 지음 | 328쪽 | 값 15,000원

 노자와 탈현대 문명
홍승표 지음 | 284쪽 | 값 15,000원

 낙오자 없는 스웨덴 교육
레이프 스트란드베리 지음 | 변광수 옮김 | 208쪽 | 값 13,000원

 선생님, 민주시민교육이 뭐예요?
염경미 지음 | 244쪽 | 값 15,000원

 끝나지 않은 마지막 수업
장석웅 지음 | 328쪽 | 값 20,000원

 어쩌다 혁신학교
유우석 외 지음 | 380쪽 | 값 17,000원

 대구, 박정희 패러다임을 넘다
세대열 엮음 | 292쪽 | 값 20,000원

 미래, 교육을 묻다
정광필 지음 | 232쪽 | 값 15,000원

 경기꿈의학교
진홍섭 외 지음 | 360쪽 | 값 17,000원

 대학, 협동조합으로 교육하라
박주희 외 지음 | 252쪽 | 값 15,000원

 학교를 말한다
이성우 지음 | 292쪽 | 값 15,000원

 입시, 어떻게 바꿀 것인가?
노기원 지음 | 306쪽 | 값 15,000원

 촛불시대, 혁신교육을 말하다
이용관 지음 | 240쪽 | 값 15,000원

▶ 교과서 밖에서 만나는 역사 교실
상식이 통하는 살아 있는 역사를 만나다

 전봉준과 동학농민혁명
조광환 지음 | 336쪽 | 값 15,000원

 교과서 밖에서 배우는 역사 공부
정은교 지음 | 292쪽 | 값 14,000원

 남도의 기억을 걷다
노성태 지음 | 344쪽 | 값 14,000원

 팔만대장경도 모르면 빨래판이다
전병철 지음 | 360쪽 | 값 16,000원

 응답하라 한국사 1·2
김은석 지음 | 356쪽 ·368쪽 | 각권 값 15,000원

 빨래판도 잘 보면 팔만대장경이다
전병철 지음 | 360쪽 | 값 16,000원

 즐거운 국사수업 32강
김남선 지음 | 280쪽 | 값 11,000원

 영화는 역사다
강성률 지음 | 288쪽 | 값 13,000원

즐거운 세계사 수업
김은석 지음 | 328쪽 | 값 13,000원

 강화도의 기억을 걷다
최보길 지음 | 276쪽 | 값 14,000원

 광주의 기억을 걷다
노성태 지음 | 348쪽 | 값 15,000원

 선생님도 궁금해하는
한국사의 비밀 20가지
김은석 지음 | 312쪽 | 값 15,000원

 걸림돌
키르스텐 세룹-빌펠트 지음 | 문봉애 옮김
248쪽 | 값 13,000원

 역사수업을 부탁해
열 사람의 한 걸음 지음 | 388쪽 | 값 18,000원

 진실과 거짓, 인물 한국사
하성환 지음 | 400쪽 | 값 18,000원

 친일 영화의 해부학
강성률 지음 | 264쪽 | 값 15,000원

 한국 고대사의 비밀
김은석 지음 | 304쪽 | 값 13,000원

 조선족 근현대 교육사
정미량 지음 | 320쪽 | 값 15,000원

 다시 읽는 조선근대교육의 사상과 운동
윤건차 지음 | 이명실·심성보 옮김 | 516쪽 | 값 25,000원

 음악과 함께 떠나는 세계의 혁명 이야기
조광환 지음 | 292쪽 | 값 15,000원

 논쟁으로 보는 일본 근대교육의 역사
이명실 지음 | 324쪽 | 값 17,000원

 다시, 독립의 기억을 걷다
노성태 지음 | 320쪽 | 값 16,000원

▶ 더불어 사는 정의로운 세상을 여는 인문사회과학
사람의 존엄과 평등의 가치를 배운다

 밥상혁명
강양구·강이현 지음 | 298쪽 | 값 13,800원

 도덕 교과서 무엇이 문제인가?
김대용 지음 | 272쪽 | 값 14,000원

 자율주의와 진보교육
조엘 스프링 지음 | 심성보 옮김 | 320쪽 | 값 15,000원

 민주화 이후의 공동체 교육
심성보 지음 | 392쪽 | 값 15,000원
2009 문화체육관광부 우수학술도서

 갈등을 넘어 협력 사회로
이창언·오수길·유문종·신윤관 지음 | 280쪽 | 값 15,000원

 동양사상과 마음교육
정재걸 외 지음 | 356쪽 | 값 16,000원
2015 세종도서 학술부문

 교과서 밖에서 배우는 철학 공부
정은교 지음 | 280쪽 | 값 14,000원

 교과서 밖에서 배우는 사회 공부
정은교 지음 | 304쪽 | 값 15,000원

 교과서 밖에서 배우는 윤리 공부
정은교 지음 | 292쪽 | 값 15,000원

 한글 혁명
김슬옹 지음 | 388쪽 | 값 18,000원

 좌우지간 인권이다
안경환 지음 | 288쪽 | 값 13,000원

 민주시민교육
심성보 지음 | 544쪽 | 값 25,000원

 민주시민을 위한 도덕교육
심성보 지음 | 500쪽 | 값 25,000원
2015 세종도서 학술부문

 교과서 밖에서 배우는 인문학 공부
정은교 지음 | 280쪽 | 값 13,000원

 오래된 미래교육
정재걸 지음 | 392쪽 | 값 18,000원

 대한민국 의료혁명
전국보건의료산업노동조합 엮음 | 548쪽 | 값 25,000원

 교과서 밖에서 배우는 고전 공부
정은교 지음 | 288쪽 | 값 14,000원

 전체 안의 전체 사고 속의 사고
김우창의 인문학을 읽다
현광일 지음 | 320쪽 | 값 15,000원

 카스트로, 종교를 말하다
피델 카스트로·프레이 베토 대담 | 조세종 옮김
420쪽 | 값 21,000원

▶ 평화샘 프로젝트 매뉴얼 시리즈
학교 폭력에 대한 근본적인 예방과 대책을 찾는다

 학교 폭력 어떻게 만들어지는가
문재현 외 지음 | 300쪽 | 값 14,000원

 아이들을 살리는 동네
문재현·신동명·김수동 지음 | 204쪽 | 값 10,000원

 학교 폭력, 멈춰!
문재현 외 지음 | 348쪽 | 값 15,000원

 평화! 행복한 학교의 시작
문재현 외 지음 | 252쪽 | 값 12,000원

 왕따, 이렇게 해결할 수 있다
문재현 외 지음 | 236쪽 | 값 12,000원

 마을에 배움의 길이 있다
문재현 지음 | 208쪽 | 값 10,000원

 젊은 부모를 위한 백만 년의 육아 슬기
문재현 지음 | 248쪽 | 값 13,000원

 별자리, 인류의 이야기 주머니
문재현·문한뫼 지음 | 444쪽 | 값 20,000원

 우리는 마을에 산다
유양우·신동명·김수동·문재현 지음 | 312쪽 | 값 15,000원

▶ 살림터 참교육 문예 시리즈
영혼이 있는 삶을 가르치는 온 선생님을 만나다!

 꽃보다 귀한 우리 아이는
조재도 지음 | 244쪽 | 값 12,000원

 선생님이 먼저 때렸는데요
강병철 지음 | 248쪽 | 값 12,000원

 성깔 있는 나무들
최은숙 지음 | 244쪽 | 값 12,000원

 서울 여자, 시골 선생님 되다
조경선 지음 | 252쪽 | 값 12,000원

 아이들에게 세상을 배웠네
명혜정 지음 | 240쪽 | 값 12,000원

 행복한 창의 교육
최창의 지음 | 328쪽 | 값 15,000원

 밥상에서 세상으로
김흥숙 지음 | 280쪽 | 값 13,000원

 북유럽 교육 기행
정애경 외 14인 지음 | 288쪽 | 값 14,000원

 우물쭈물하다 끝난 교사 이야기
유기창 지음 | 380쪽 | 값 17,000원

▶출간 예정

참된 삶과 교육에 관한
생각 줍기